옷 갈아입는 아미무스 코바늘 손뜨개 인형

나루토 지음 | 배혜영 옮김 | 조수연 감수

CONTENTS

- 갤러리 목차　4
- 코바늘뜨기의 기초　7
- 머리말　8
- 아미무스 이야기　9
- 기본 아미무스　13
- 기본 아미무스 바디 만들기　14
- 봄의 아미무스　28
- 여름의 아미무스　29
- 가을의 아미무스　30
- 겨울의 아미무스　31
- 크리스마스 아미무스　34
- 핼러윈 아미무스　35
- 공주 아미무스　36
- 동물 의상을 입은 아미무스　37
- 웨이트리스 아미무스　40
- 꽃집 주인 아미무스　41
- 파티시에 아미무스　42
- 아미무스 브로치　43
- 유치원복을 입은 아미무스　46
- 세일러복을 입은 아미무스　47
- 파자마를 입은 아미무스　48
- 룸웨어를 입은 아미무스　49
- 아미무스 옷장 봄&여름　50
- 아미무스 옷장 가을&겨울　52
- 아미무스 backstyle　56
- 이 책에 실린 작품 만드는 법　57
- 헤어 스타일 꾸미는 방법　87

♬ 재료 제공

하마나카 주식회사
우 616-8585
교토부 교토시 우쿄구 하나조노야부노시타정 2-3
TEL: 075-463-5151(대표)

♬ 촬영 협력

Studio Tenjin Base
우 530-0046
오사카부 오사카시 기타구 스가하라정 1-23 니시가키빌딩 1F
TEL: 06-6886-5100

♬ STAFF

촬영　후쿠모토 아키라
북디자인　네모토 아야코
모델　린, 유이
편집　미야자키 다마미(Office Foret), 주식회사
　　　레시피아

갤러리 목차

Amimus
01. 기본 아미무스

Spring
02. 봄의 아미무스

Summer
03. 여름의 아미무스

Autumn
04. 가을의 아미무스

Winter
05. 겨울의 아미무스

Christmas
06. 크리스마스 아미무스

Halloween
07. 핼러윈 아미무스

Princess
08. 공주 아미무스

Animal
09, 10. 동물 의상을 입은 아미무스

Waitress
11. 웨이트리스 아미무스

Flower shop
12. 악마 아미무스

Patissier
13. 파티시에 아미무스

Brooch
14, 15, 16. 아미무스 브로치

Kindergarten
17. 유치원복을 입은 아미무스

Sailor
18. 세일러복을 입은 아미무스

pajamas
19. 파자마를 입은 아미무스

Roomwear
20. 룸웨어를 입은 아미무스

closet
아미무스 옷장 [봄]

closet
아미무스 옷장 [여름]

closet
아미무스 옷장 [가을]

closet
아미무스 옷장 [겨울]

코바늘 뜨기의 기초

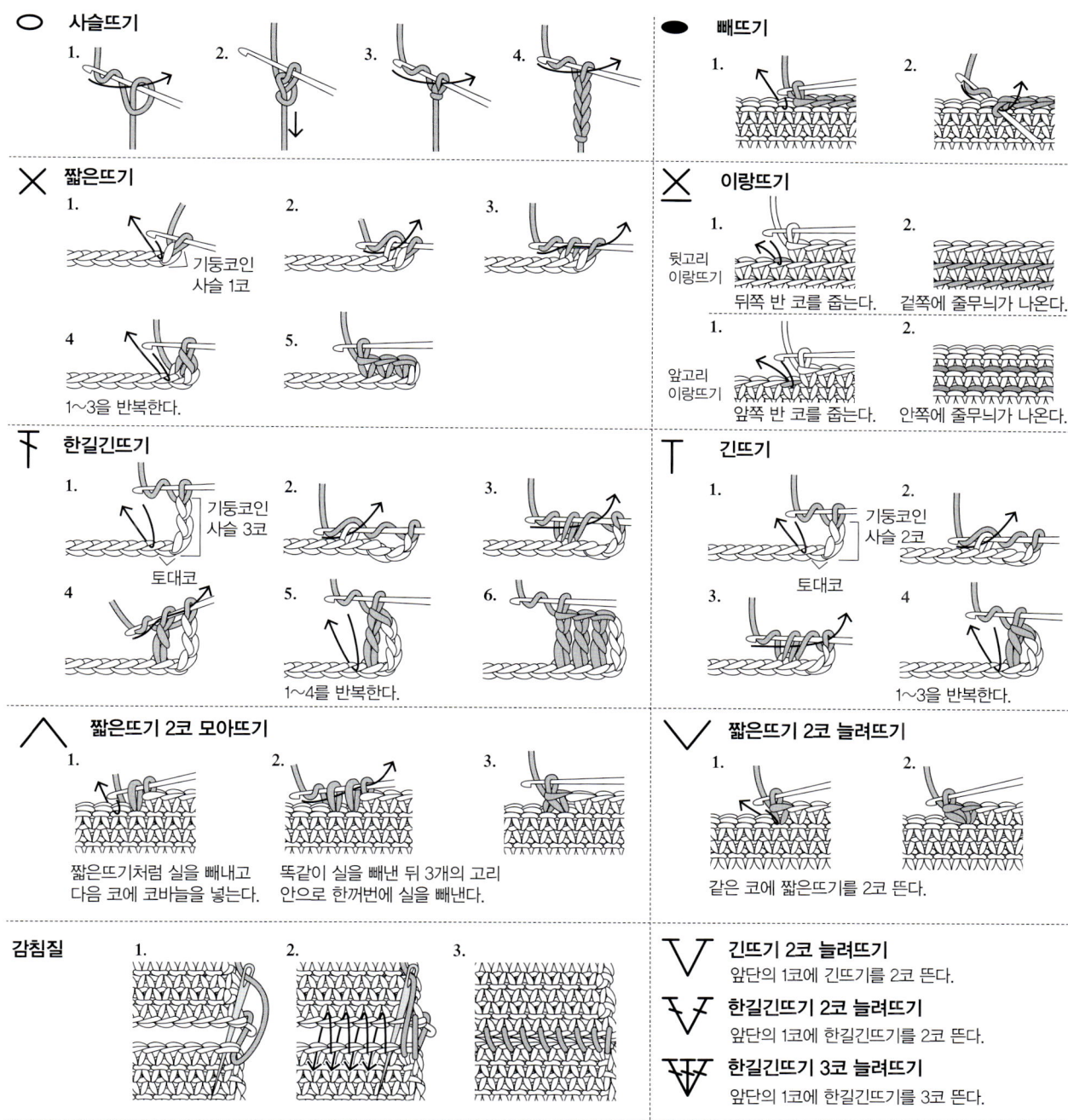

코바늘 손뜨개 기본 기법들을 누구나 쉽고, 재미있게 배울 수 있도록 생생한 동영상 강의를 네이버 행복한 취미생활 DIY 카페 (http://cafe.naver.com/diytp 또는 http://www.diytp.com)에 제공합니다.

머리말

'아미무스'는 손뜨개 여자아이 인형을 뜻하는 일본어 '아미구루미 무스메'를 줄인 말이에요. 직접 손뜨개로 제작한 여자아이 인형에 이름을 붙이고 싶어서 생각해 낸 말이랍니다.

방에 장식하거나, 같이 외출하거나, 옷을 갈아입히며 놀거나, 이야기 상대가 되어주기도 해요.

자신을 위해서… 엄마가 딸에게… 할머니가 손녀에게….
여러분에게도 '아미', '미무', '무스' 같은 아이가 태어나길 바랄게요. 부디 아미무스의 친구가 되어 주세요.

나루토

Profile

나루토(이데 도모코)

어릴 적부터 엄마의 영향을 받아 수예가 취미가 되었다. 2000년 무렵 친구의 권유로 손뜨개 인형을 만나 2003년부터 오리지널 손뜨개 인형을 제작하기 시작했다. 위탁판매, 통신판매회사를 통한 손뜨개 인형 키트 판매, 핸드메이드 이벤트 참가, 상업 시설 캐릭터 제작, 손뜨개 인형의 광고 기용 등 다방면으로 활약하고 있다. 주로 여자아이 인형을 제작하고 있다.

Homepage: https://amimusu-amigoo.amebaownd.com/
Instagram(계정@amigoo_naruto): https://www.instagram.com/amigoo_naruto/

아미무스 이야기

'아미무스'는 동그란 눈을 가진 깜찍한 여자아이랍니다.
옷을 입히거나 소품을 조합하면서 놀 수 있는 손뜨개 인형이지요.
이 책에는 머리색이 각기 다른 '아미', '미무', '무스'
세 명의 아미무스가 등장해요.
여러분은 어느 아미무스가 마음에 드시나요?

♬ 아미

'아미'는 일자 앞머리랑 초콜릿색의 스트레이트 헤어가
매력 포인트야.
똑 부러지긴 하지만 가끔 덜렁대는 큰딸 같은 존재지.
책을 읽거나 음악을 듣는 시간을 무척 좋아해♪
머리는 가끔 사이드 묶기나
양 갈래 묶기를 해서 자신만의 헤어스타일 꾸미기를 즐기곤 해.

AMI

헤어스타일 변형

사이드 묶기   양 갈래 묶기

♬ 미무

'미무'는 밝은 벽돌색 머리에 앞머리를 살짝 옆으로 넘겼어.
옷과 쇼핑, 카페를 정말 좋아하는 멋쟁이야♪
하지만 조금 쿨한 구석도 있어서 모두를 놀라게 할 때도!?
아미와 무스를 너무너무 좋아해서 항상 같이 놀아♡
헤어스타일은 스트레이트 외에 웨이브나
세 갈래로 땋아 똥머리를 하기도 해.

MIMU

헤어스타일 변형

웨이브 | 세 갈래 땋아 똥머리

♬ 무스

'무스'는 카페오레색 머리색이랑 똥머리가 귀여워.
언제나 밝고 활기가 넘치지!
그리고 맛있는 음식을 너무도 좋아하는 먹보야.
아미와 미무에게 무척 귀여움을 받는
장난꾸러기 막내 캐릭터이기도 해.
머리 모양은 움직이기 편한 걸 좋아해♪
그래서 항상 똥머리나 양 갈래 똥머리 같은
업스타일을 하고 있어.

MUUSU

헤어스타일 변형

양 갈래 똥머리

기본 아미무스

모든 작품의 기본이 되는 '아미무스(인형)'
입니다. 다음 페이지부터 만드는 법을
과정 사진과 함께 자세히 설명합니다. 먼저
이 아미무스부터 만들어 보세요!

01

NOTE
'아미', '미무', '무스'의 몸 부분(바디)은
이 '기본 아미무스'와 같습니다.
P.14의 만드는 법을 보면서 제작합니다.
'아미(스트레이트)' 이외의 머리 모양은
각각 P.87의 '헤어스타일 꾸미는 방법'을
참고해 만듭니다.

 ITEM & RECIPE  아미(스트레이트) P.14 **+**  원피스 P.26

01 아미무스 바디 만들기

▶▶ Photo P.14

'아미(스트레이트)'로 설명합니다.

♪ 재료

【실】하마나카 피콜로 #45(살구색) 25g, #1(흰색) 1g, #17(암갈색) 12g 【기타】새틴 리본[3mm 폭](마음에 드는 색) 10cm, 단추 눈[10mm] 2개, #25 자수 실(빨간색) 적당량, 블러셔, 솜 15g
머리카락으로 사용하는 하마나카 피콜로(암갈색)는 미무는 #29(적갈색), 무스는 #21(연갈색)으로 변경합니다(양은 동일).

♪ 도구

코바늘 4호(2.5mm)
돗바늘
손바느질용 바늘
면봉
수예용 본드
가위
겸자

♪ 완성 치수

23cm

♪ 뜨는 법

1 실 고리로 원형코를 만들어 머리, 몸통, 귀, 팔, 다리를 뜬다.
2 귀 이외의 부분에는 솜을 채워준다.
3 얼굴을 완성하고 코를 스트레이트 스티치로 수놓는다. 단추 눈을 달아주고, 입은 체인 스티치로 수놓는다.
4 머리의 정수리 부분은 마지막 코를 주워 오므려준다.
5 머리에 귀를 단 뒤 몸통을 단다.
6 몸통에 팔과 다리를 바느질하여 고정하고, 리본은 본드로 붙여 단다.
7 머리에 머리카락을 심는다.
8 면봉으로 볼에 블러셔를 바른다.

완성

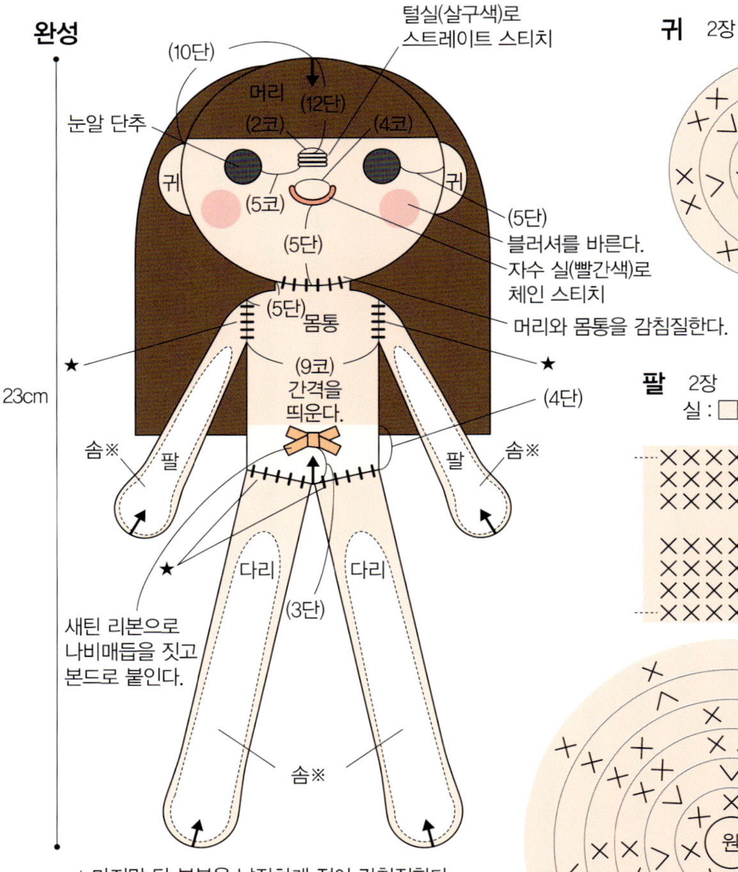

- 눈알 단추
- (10단)
- 털실(살구색)로 스트레이트 스티치
- 머리 (12단)
- (2코) (4코)
- 귀
- (5코)
- 23cm
- (5단) 블러셔를 바른다. 자수 실(빨간색)로 체인 스티치. 머리와 몸통을 감침질한다.
- (5단) 몸통
- (9코) 간격을 띄운다.
- (4단)
- 솜※ 팔 팔 솜※
- 다리 다리
- (3단)
- 새틴 리본으로 나비매듭을 짓고 본드로 붙인다.
- 솜※

★ 마지막 단 부분을 납작하게 접어 감침질한다.
※ 팔, 다리는 솜을 각 부분의 8할 정도까지 넣는다.
※ 머리, 몸통은 빈틈없이 솜을 채운다.

귀 2장 실: □ = 살구색

실을 길게 남겨, 마지막 단을 반 접어 감침질한다.

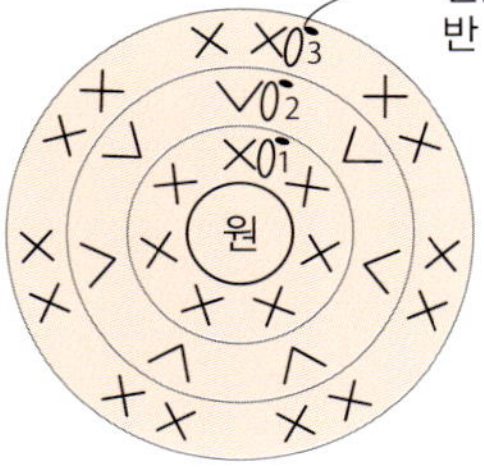

귀의 콧수 표

단수	콧수
3	14코
2	14코(+7코)
1	7코

팔 2장 ※솜을 넣는다.
실: □ = 살구색

실을 길게 남겨, 마지막 단을 반 접어 감침질한다.

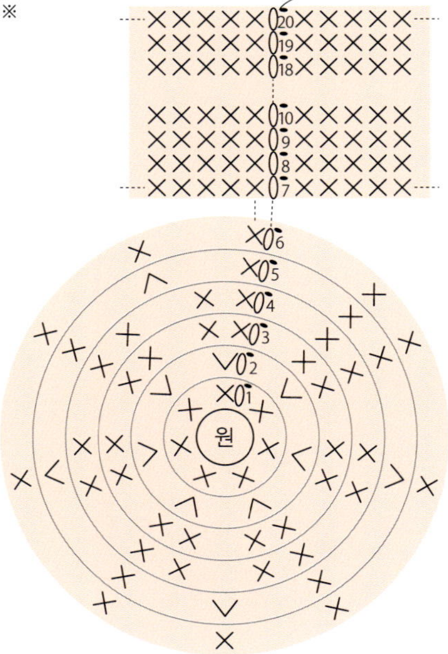

팔의 콧수 표

단수	콧수
20	10코
19	10코
7~18	10코
6	10코
5	10코(−4코)
4	14코
3	14코
2	14코(+7코)
1	7코

머리 1장 ※솜을 넣는다.   실 : □ = 살구색

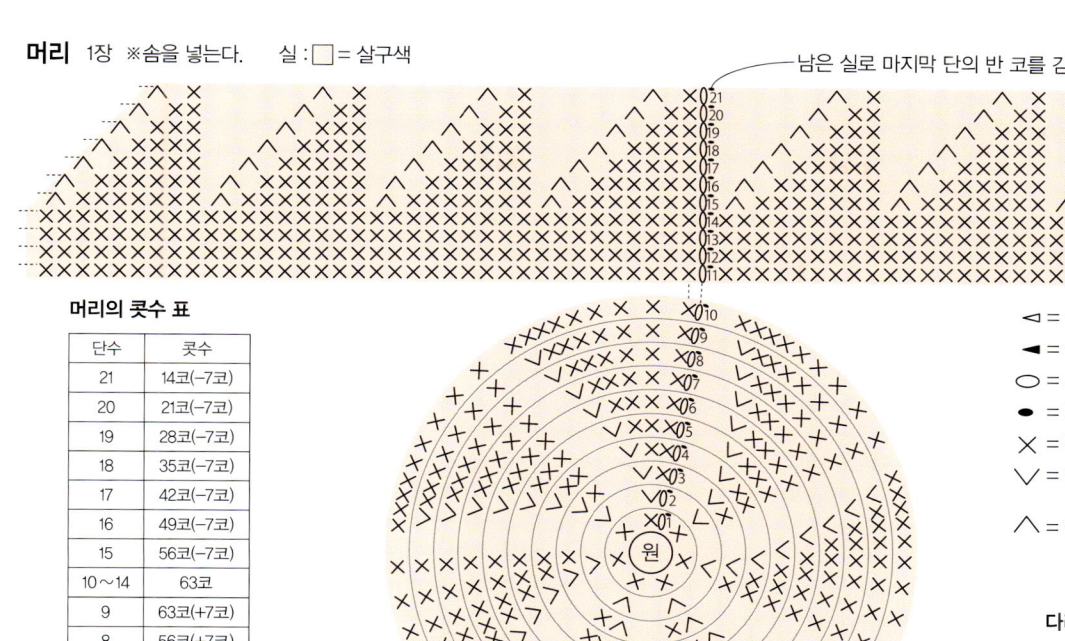

남은 실로 마지막 단의 반 코를 감침질하여 오므린다.

◁ = 실 연결(시작).
◀ = 실 자르기
○ = 사슬뜨기
● = 빼뜨기
✕ = 짧은뜨기
∨ = 짧은뜨기 2코 늘려뜨기
∧ = 짧은뜨기 2코 모아뜨기

머리의 콧수 표

단수	콧수
21	14코(-7코)
20	21코(-7코)
19	28코(-7코)
18	35코(-7코)
17	42코(-7코)
16	49코(-7코)
15	56코(-7코)
10~14	63코
9	63코(+7코)
8	56코(+7코)
7	49코(+7코)
6	42코(+7코)
5	35코(+7코)
4	28코(+7코)
3	21코(+7코)
2	14코(+7코)
1	7코

다리의 콧수 표

단수	콧수
7~34	14코
6	14코(-2코)
5	16코
4	16코
3	16코
2	16코(+8코)
1	8코

몸통 1장 ※솜을 넣는다.
실 : □ = 흰색   □ = 살구색

다리 2장 ※솜을 넣는다.
실 : □ = 살구색

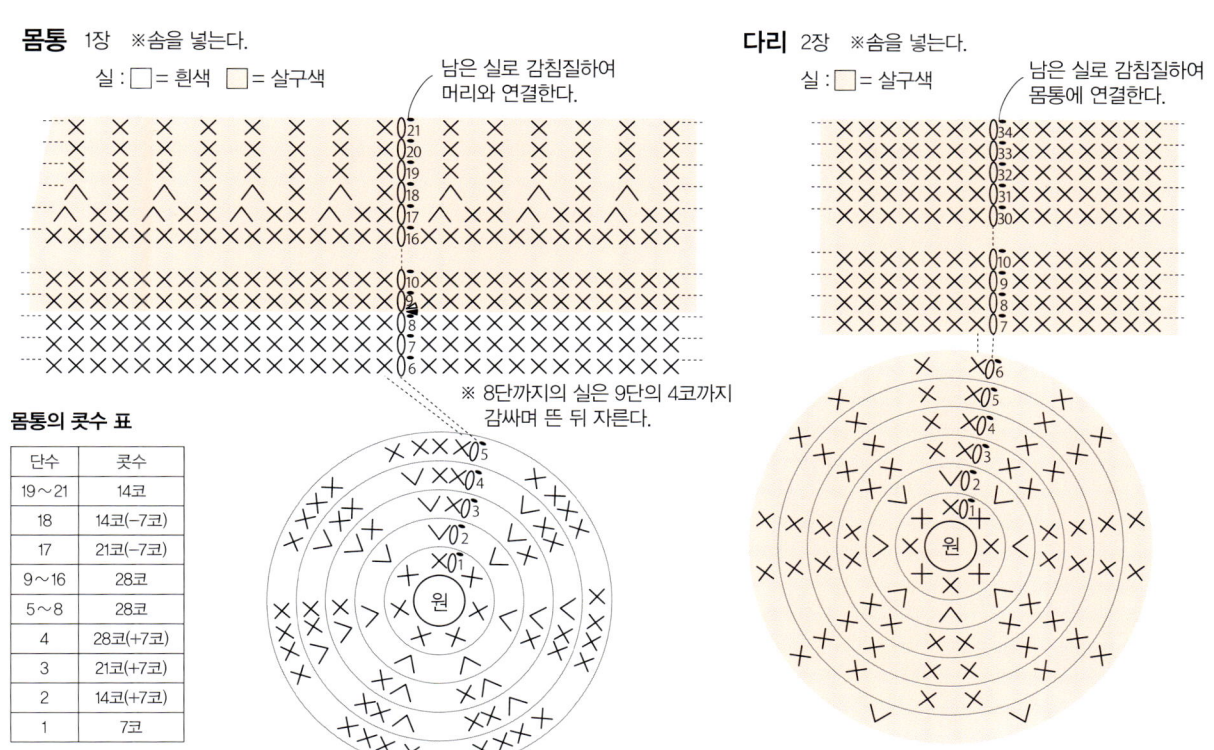

남은 실로 감침질하여 머리와 연결한다.

※ 8단까지의 실은 9단의 4코까지 감싸며 뜬 뒤 자른다.

남은 실로 감침질하여 몸통에 연결한다.

몸통의 콧수 표

단수	콧수
19~21	14코
18	14코(-7코)
17	21코(-7코)
9~16	28코
5~8	28코
4	28코(+7코)
3	21코(+7코)
2	14코(+7코)
1	7코

머리 만들기

◎ 시작코(실 고리로 원형코 만들기)

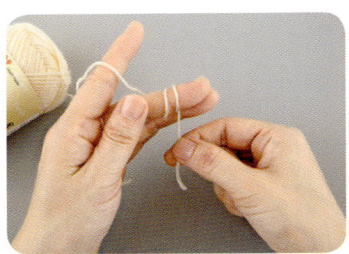

01 왼손 검지에 살구색 실을 걸치고 중지에 실을 2번 감아 고리를 만든다.

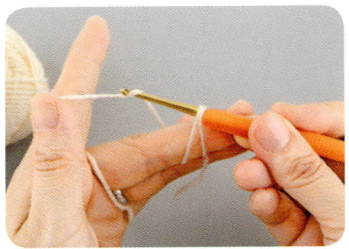

02 두 겹의 고리 안에 코바늘을 넣고 실을 걸어 앞으로 빼낸다.

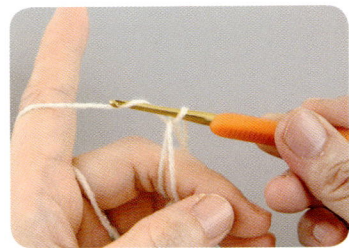

03 다시 코바늘 끝에 실을 걸어 빼낸다.

◎ 짧은뜨기

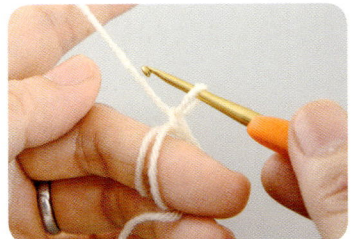

04 기둥코 1코를 뜬 모습

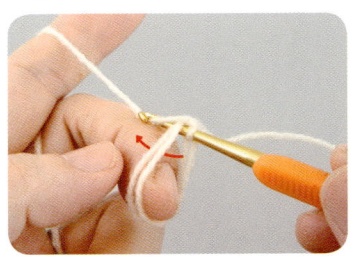

05 고리 안에 화살표와 같이 코바늘을 넣고 실을 걸어 빼낸다.

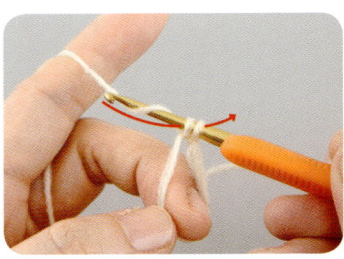

06 다시 실을 걸어 화살표와 같이 코바늘에 걸린 2개의 고리 안으로 한꺼번에 빼낸다.

07 짧은뜨기를 1코 뜬 모습.

08 5와 6의 과정을 반복해 짧은뜨기를 6코 더 뜬다. 1단은 짧은뜨기를 7코 뜬다.

09 짧은 실 끝을 살짝 당겨 줄어드는 실 가닥을 찾고, 그다음에 방금 줄인 고리의 실을 끌어내 다른 1가닥의 고리를 줄여서 원형코를 작게 만든다.

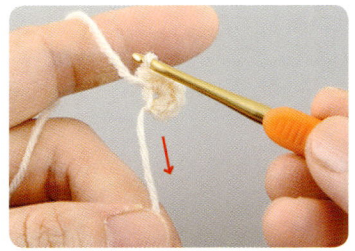

10 짧은 실 끝을 다시 세게 당겨서 원형코를 정돈한다.

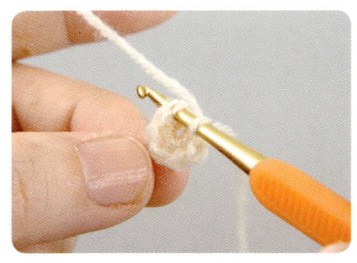

11 1번째 코의 짧은뜨기 머리에 코바늘을 넣는다.

12 코바늘에 실을 걸어 빼낸다. 1단을 뜬 모습(빼뜨기).

◎ 짧은뜨기 2코 늘려뜨기

13   2단을 뜬다. 기둥코인 사슬 1코를 뜬다.

14   앞단의 1번째 코 머리에 코바늘을 넣어 짧은뜨기를 뜬다.

15   다시 한 번 같은 코에 코바늘을 넣어 짧은뜨기를 뜬다. 짧은뜨기를 2번 뜬 모습.

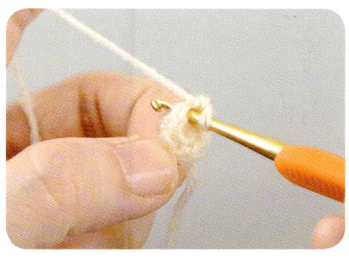

16   다음 코에도 똑같이 앞단의 짧은뜨기 머리에 코바늘을 넣어 짧은뜨기를 2코 떠 넣는다.

17   짧은뜨기를 14코 뜬 뒤 1번째 코의 짧은뜨기에 코바늘을 넣고 실을 걸어 빼낸다. 2단을 뜬 모습.

18   3단을 뜬다. 기둥코인 사슬 1코를 뜬다.

19   앞단의 1번째 코에 코바늘을 넣어 짧은뜨기를 뜬다. 다음 코는 짧은뜨기를 2번 뜬다.

20   짧은뜨기와 짧은뜨기 2코 늘려뜨기를 반복해 총 21코를 뜬다.

21   1번째 코의 짧은뜨기에 코바늘을 넣고 실을 걸어 빼낸다. 빼뜨기로 3단을 뜬 모습.

22   4단 이후에도 뜨개 도안대로 짧은뜨기와 짧은뜨기 2코 늘려뜨기를 반복해 9단까지 뜬다.

23   10단부터 14단까지는 증감 없이 뜬다.

24   15단을 뜬다. 기둥코인 사슬 1코를 뜬 뒤 짧은뜨기를 7코 뜬다.

◎ 짧은뜨기 2코 모아뜨기

25 앞단의 짧은뜨기 머리에 코바늘을 넣고 실을 걸어 빼낸다.

26 다시 다음 코에 코바늘을 넣고 실을 걸어 빼낸다. 실을 걸어 코바늘에 걸린 3개의 고리 안으로 한꺼번에 빼낸다.

27 짧은뜨기 2코 모아뜨기를 뜬 모습.

28 짧은뜨기 7코+짧은뜨기 2코 모아뜨기를 6번 더 반복해 총 56코를 뜬다. 빼뜨기를 해서 15단을 뜬 모습.

29 16단 이후에도 도안대로 짧은뜨기와 짧은뜨기 2코 모아뜨기를 반복해 21단까지 뜬다. 머리를 완성(사진은 뜨기 시작 부분을 위로 놓은 모습).

몸통 만들기

◎ 실 바꿔 달기

30 흰색 실로 뜨기 시작한다. 실 고리로 원형코를 만들어, 도안대로 4단까지 코를 늘리면서 뜬다.

31 5단부터 8단까지는 증감 없이 뜬다. 8단의 마지막 1코를 뜨는 모습.

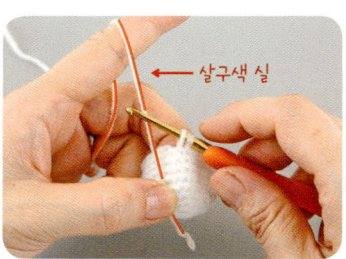

← 살구색 실

32 마지막 짧은뜨기에서 실을 빼낼 때, 9단부터 사용할 살구색 실로 바꿔서 빼낸다(사진에서는 실 색깔을 바꿈).

33 8단의 1번째 짧은뜨기 코에 빼뜨기한 후 1코 짧은뜨기를 해준 모습.

34 9단을 뜬다. 남은 살구색 실로 처음 떴던 흰색 실을 4코 정도 함께 감싸며 뜬 뒤, 남은 실을 자른다.

35 9~16단은 증감 없이 뜬다. 16단까지 뜬 모습.

팔, 다리, 귀 만들기

솜 넣기

36 17단과 18단은 코를 줄이면서 뜨고 19~21단은 다시 증감 없이 뜬다. 몸통을 완성.

37 실 고리로 원형코를 만들어 뜨개 도안대로 떠서 팔, 다리, 귀를 각각 2장 만든다. 실 끝은 각각 30cm 정도 남긴다.

38 귀 이외의 부분에 솜을 넣는다. 머리와 몸통은 빈틈없이 넣는다. 머리는 약간 옆으로 긴 타원형이 되게, 얼굴 부분이 평평해지게끔 다듬으면서 채운다.

얼굴 완성하기

◎ 스트레이트 스티치

39 팔과 다리는 위쪽까지는 모두 채우지 말고 전체의 8할 정도까지 넣는다. 가느다란 부분은 막대를 사용하고, 다리 끝부분은 발끝을 만들듯이 모양을 다듬으면서 채운다.

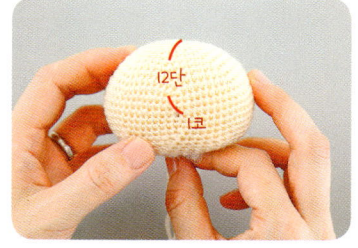

40 코를 스트레이트 스티치로 수놓는다. 돗바늘에 살구색 털실을 꿰고 끝을 묶어 매듭을 지은 뒤 머리 아래에서 돗바늘을 넣는다. 머리의 뜨기 시작 부분에서 12단 아래, 중앙에서 1코 오른쪽으로 돗바늘을 뺀다.

41 2코 왼쪽에 돗바늘을 넣는다.

42 40과 41의 과정을 5~6번 반복해 수놓는다. 코를 완성하고 실은 돗바늘에 꿴 채로 둔다.

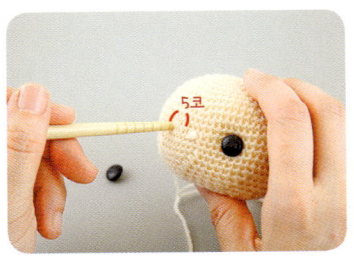

43 눈을 단다. 먼저 코끝에서 5코 옆에 막대나 송곳 등으로 작은 구멍을 낸다.

44 코를 수놓은 돗바늘을 방금 낸 구멍에서 빼내 단추눈을 꿴 뒤 다시 돗바늘을 넣는다.

45 실은 뒤통수로 뺀 뒤 눈이 약간 움푹 들어가게끔 조금 세게 당긴다.

46 뒤통수에서 매듭을 짓고 실을 자른다.

47 눈을 완성.

◎ 체인 스티치

48 입을 수놓는다. 손바느질용 바늘에 자수 실을 꿰고 끝을 묶어 매듭을 지은 뒤 머리 아래에서 바늘을 넣는다. 코끝에서 1코 오른쪽, 2단 아래로 바늘을 뺀다.

49 체인 스티치를 한다. 머리를 90° 회전시켜서 48의 과정에서 바늘을 뺀 곳에 바늘을 넣은 뒤 왼쪽 대각선으로 뺀다. 사진처럼 실을 고리 모양으로 만들어 바늘 아래에 넣는다.

50 실을 당긴 모습.

51 방금 만든 고리 안에 바늘을 넣는다.

52 왼쪽 대각선으로 바늘을 빼고 실을 고리 모양으로 만들어 바늘 아래에 넣는다.

53 실을 당겨 체인 스티치를 2개 수놓은 모습.

54 51과 52의 과정을 반복해 반원형으로 수놓는다(연필이나 초크펜 등으로 입 모양을 그려 두고 그 위에서 수놓아도 좋음). 입을 완성.

각 부분 조립하기

◎돗바늘 마무리

◎감침질

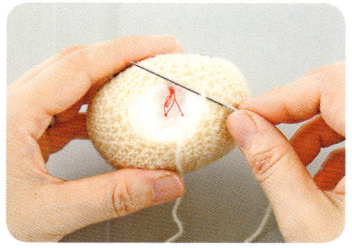

55 마지막 단의 끝을 바느질한 후 당겨 오므린다. 코를 수놓은 실은 자르고, 머리를 뜨고 남은 털실을 돗바늘에 꿴 뒤 머리 마지막 단의 코를 반 코씩 바깥쪽에서 안쪽으로 줍는다.

56 실을 한 바퀴 통과시킨 뒤 당겨서 구멍을 작게 만든다. 매듭을 짓고 실을 자른다.

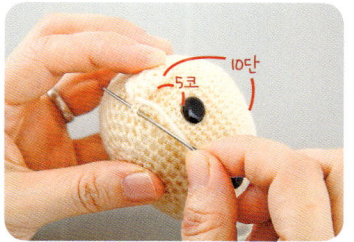

57 귀를 단다. 귀를 뜨고 남은 털실을 돗바늘에 꿰고 머리의 시작 단 10단 아래, 눈 끝에서 5코 옆에 귀 위쪽이 오도록 위치시킨다. 귀를 반으로 접은 상태로 귀 아래쪽과 머리를 감침질하여 연결한다.

58 귀 안쪽과 머리를 감침질한다. 귀의 반 코와 그 옆쪽 머리의 코를 주워 실이 가로로 걸치도록 꿰맨다.

59 귀 안쪽의 윗부분까지 꿰매 단 뒤, 머리를 고쳐 잡고 귀 겉쪽을 감침질한다.

60 다른 한쪽도 똑같이 단다. 귀를 꿰매 단 모습.

61 몸통과 머리를 꿰매 잇는다. 몸통을 뜨고 남은 털실을 돗바늘에 꿰고 몸통의 끝단과 머리의 시작 단의 코를 주우면서 한 바퀴 감침질한다.

62 머리와 몸통을 꿰매 이은 모습.

63 팔을 단다. 팔을 뜨고 남은 털실을 돗바늘에 꿰고 몸통의 마지막 단에서 5단 아래에 팔과 팔 사이의 간격을 9코 띄워서 팔을 감침질한다.

64 한쪽을 꿰매 단 뒤 몸통을 고쳐 잡고 다른 한쪽을 감침질한다.

65 팔과 몸통을 꿰매 이은 모습.

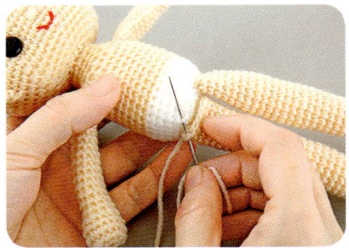

66 다리를 단다. 다리를 뜨고 남은 털실을 돗바늘에 꿰고 몸통의 뜨기 시작 부분을 중심으로 좌우로 하나씩 몸통에 감침질한다.

67 다리와 몸통을 꿰매 이은 모습.

68 새틴 리본으로 나비매듭을 짓고 몸통의 흰색 부분 위에 본드로 붙인다.

머리카락 심기

69 머리카락용 실을 준비한다. 40cm로 자른 암갈색 털실을 130~150가닥 준비한다.

70 가마의 머리카락을 심는다. 69의 실 2가닥을 반으로 접고, 머리 1단에 코바늘을 찔러 넣는다. 프린지(술장식)를 다는 요령으로 반으로 접은 실의 고리에 코바늘을 걸어 끌어낸다.

71 코바늘에 실 4가닥을 걸어 고리 안으로 빼낸 뒤 실을 당긴 모습.

72 70과 71의 과정을 반복해 머리 1단의 7코 모두에 실을 단다. 가마를 만들어준 모습.

73 앞머리를 심는다. 2가닥의 실로 가마에서부터 귀를 향해 총 10코의 실을 단다.

74 반대쪽도 똑같이 2가닥의 실로 10코의 실을 단다. 앞머리를 심은 모습.

75 뒷머리를 심는다. 앞머리의 바로 뒤쪽 단을 주워 2가닥의 실로 가마에서부터 귀를 향해 총 10코의 실을 단다.

76 반대쪽도 똑같이 실을 연결 뒷머리를 심은 모습.

77 뒷머리의 바로 뒤쪽 단에 머리카락을 더 심는다. 2가닥의 실로 가마에서부터 좌우 6코의 실을 단다.

78 앞머리를 머리 안으로 꿰맨다. 중앙 부분의 실을 1가닥 돗바늘에 꿰고 눈 윗부분에서 1단 위쪽의 라인에 돗바늘을 넣는다.

79 실을 머리 안으로 넣는다.

80 실은 뒤통수로 빼낸 뒤 돗바늘에서 뺀다.

81 78~80의 과정을 반복해 마지막 1다발(4가닥 정도)을 남기고 중앙에서부터 오른쪽을 향해 차례로 곧게 앞머리를 꿰매 간다. 이때 관자놀이 근처의 앞머리가 많아 보일 경우에는 심어 놓은 실을 2다발 정도 빼도 좋다.

82 마지막 1다발은 귀 중앙 정도의 길이로 꿰맨다.

83 반대쪽도 똑같이 꿰매서 앞머리를 완성한 모습.

84 가마에서 실을 1다발 잡아 돗바늘에 꿰고 귀 뒤쪽에 꿰맨다. 귀 아래와 같은 라인이나 1단 아래쯤에 꿰맨다.

85 뒤통수에서 나와 있는 앞머리의 남은 실을 가위로 바짝 자른다.

86 뒷머리를 올린 상태로 뒤통수에 본드를 골고루 바른다.

87 뒤쪽 머리카락부터 차례로 1다발씩 똑바로 뒤통수에 붙여 간다.

88 뒤통수의 살구색 부분이 보이지 않도록 꼼꼼히 손가락으로 정리하여 붙인다. 뒤통수에 머리카락을 모두 붙인 다음 남은 뒷머리는 그대로 내린다.

89 뒷머리를 가지런히 자른다. 정수리에서 약 13㎝ 정도 길이로 허리 라인에 오도록 가위로 곧게 자른다. 세 갈래 땋기 등 변형을 할 경우에는 조금 길게 하면 좋다.

몸통 완성하기

90 면봉에 블러셔를 묻혀 뺨에 톡톡 바른다.

91 바디를 완성.

▷▷▷ 이 책에서 주로 사용한 실
(사진은 실물 크기)

① 하마나카 피콜로
② 하마나카 소노모노 루프
③ 하마나카 에코안다리아

이 실은 모두 하마나카 주식회사의 상품입니다. 문의처는 P.2를 참고합니다.

01 기본 아미무스 원피스 만들기

▶▶ Photo P.13

♬ 재료

【실】…… 하마나카 피콜로 #2(에크뤼색) 17g
【기타】…… 단추[7㎜](흰색) 2개, 똑딱단추[6㎜] 4개, 바느질실(흰색) 적당량

♬ 도구

코바늘 4호(2.5㎜), 돗바늘, 손바느질용 바늘

♬ 완성 치수

길이 10㎝

♬ 뜨는 법

1 사슬뜨기로 코를 만들어 뜨개 도안대로 스커트 아랫부분을 27단 뜬다. 이어서 윗부분을 5단 뜬다. 시작 단에 실을 연결하고 10코를 주워 3단을 뜬다. 5코 간격을 띄워서 실을 달고 9코를 주워 3단을 뜬다. 다시 5코 간격을 띄워서 실을 연결하고 10코를 주워 3단 뜬다. 첫 3단의 마지막 단에 실을 연결하여 나머지 2단을 뜬다.

2 진동둘레에 실을 연결하여 짧은뜨기를 1단 뜬다.

3 단추, 똑딱단추를 꿰매 단다.

<원피스>

진동둘레 실 : 에크뤼색

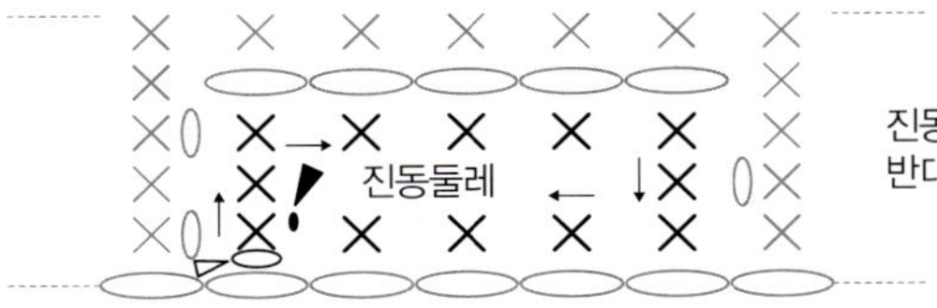

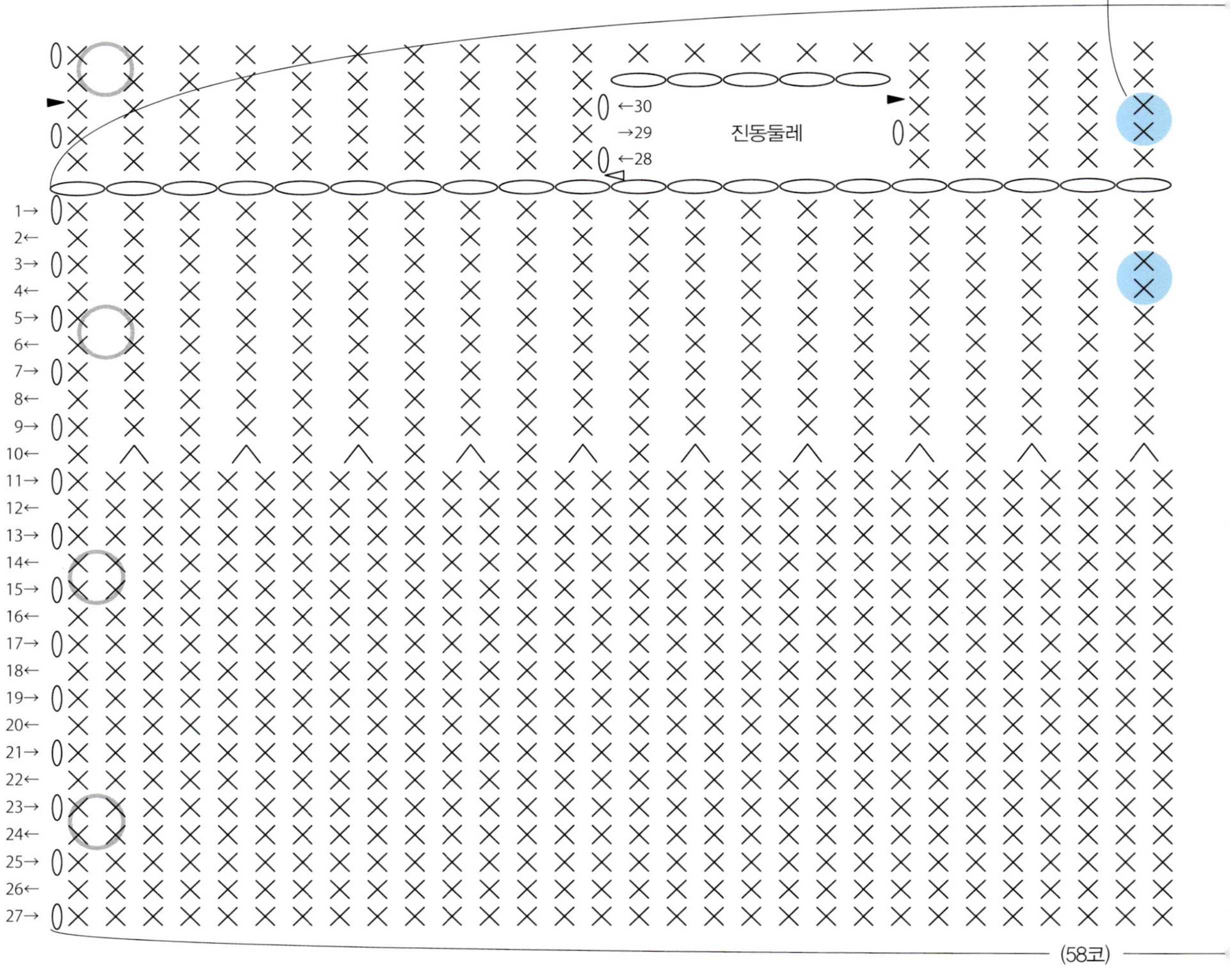

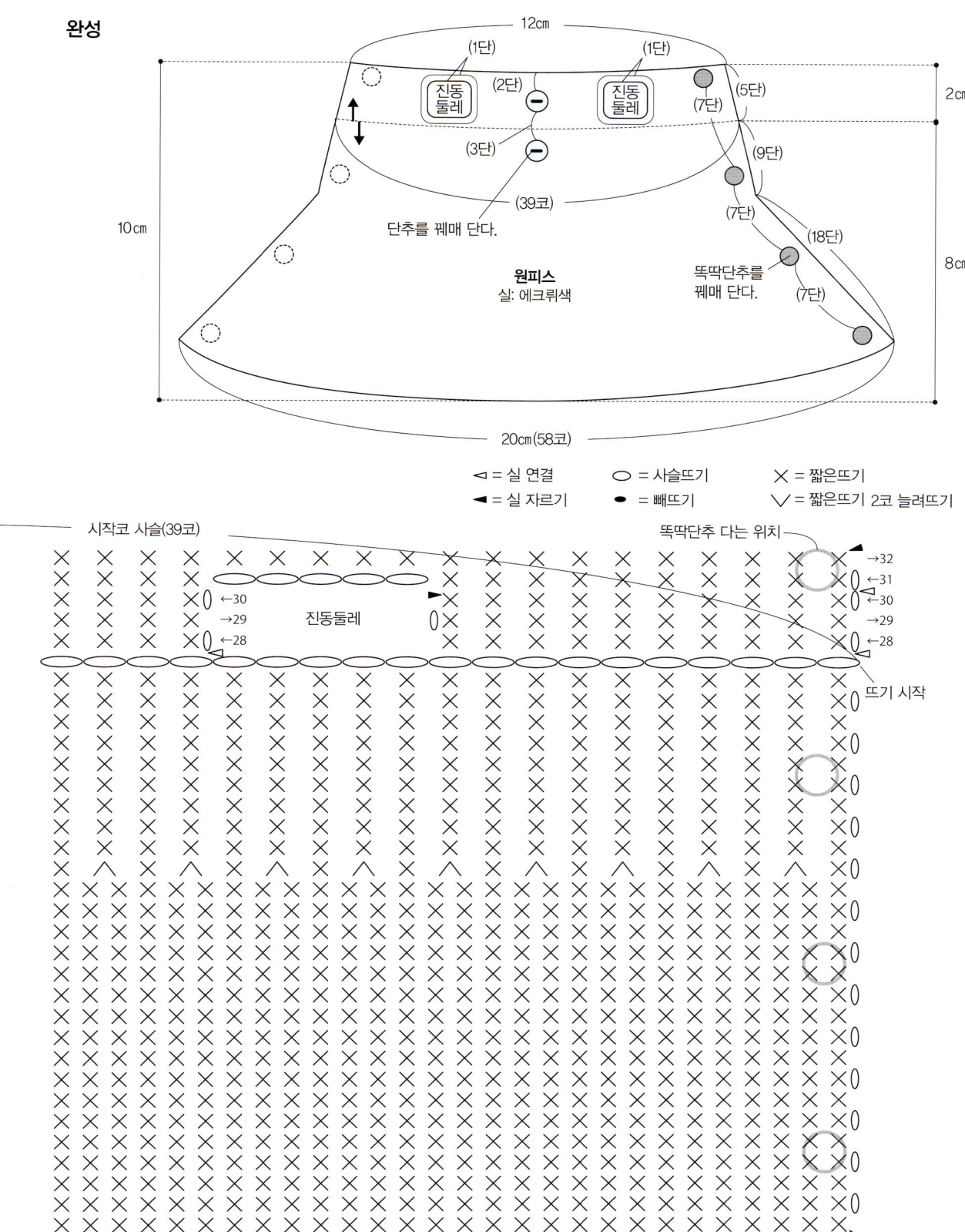

여름의 아미무스

지금부터 시원한 산장에 놀러 갈 거야.
밀짚모자랑 잘 어울리는 바스켓 백에 파란
색 스트랩 샌들을 매치하고 말이지 ♪

03

ITEM & RECIPE

 미무(세 갈래 땋아 똥머리)
바디 → P.14, 머리 모양 → P.87

+

 원피스
P.58

 밀짚모자
P.73

 바스켓 백
P.72

  샌들
P.72

가을의 아미무스

어쩐지 오늘은 진짜
멋진 그림을 그릴 것 같아!
시크한 녹색 원피스랑 동그란 베레모를
매치하면 화가가 된 기분☆

04

ITEM & RECIPE

미무(웨이브)
바디→P.14, 머리 모양→P.87

\+

원피스
P.32

베레모
P.71

부츠
P.71

겨울의 아미무스

내가 사는 동네에 올해의 첫눈이 내렸어.
이런 추운 날에는 새하얀 머플러랑
방울 모자로 몸을 따뜻하게 하고 나갈래♪

05

ITEM & RECIPE +

무스(양 갈래 똥머리)
바디→P.14, 머리 모양→P.87

원피스
P.33

방울 모자
P.74

머플러
P.74

부츠
P.74

04 가을의 아미무스 원피스 만들기

▶▶ Photo P.30

♪ 재료
【실】…… 하마나카 피콜로 #35(카키색) 17g, #1(흰색) 2g
【기타】…… 단추[7mm](흰색) 1개, 똑딱단추[6mm] 4개, 바느질실(카키색)·(흰색) 적당량

♪ 도구
코바늘 4호(2.5mm), 돗바늘, 손바느질용 바늘

♪ 완성 치수
길이 11cm

♪ 뜨는 법
【원피스】
1 '기본 아미무스〈원피스〉(P.26)'를 콧수 표의 배색에 따라 뜬다. 본체 윗부분을 1단 더 뜬다.
2 진동둘레에 실을 연결하여 소매를 뜬다.
3 옷깃을 뜬 뒤 원피스 본체에 꿰매 단다.
4 단추, 똑딱단추를 꿰매 단다.

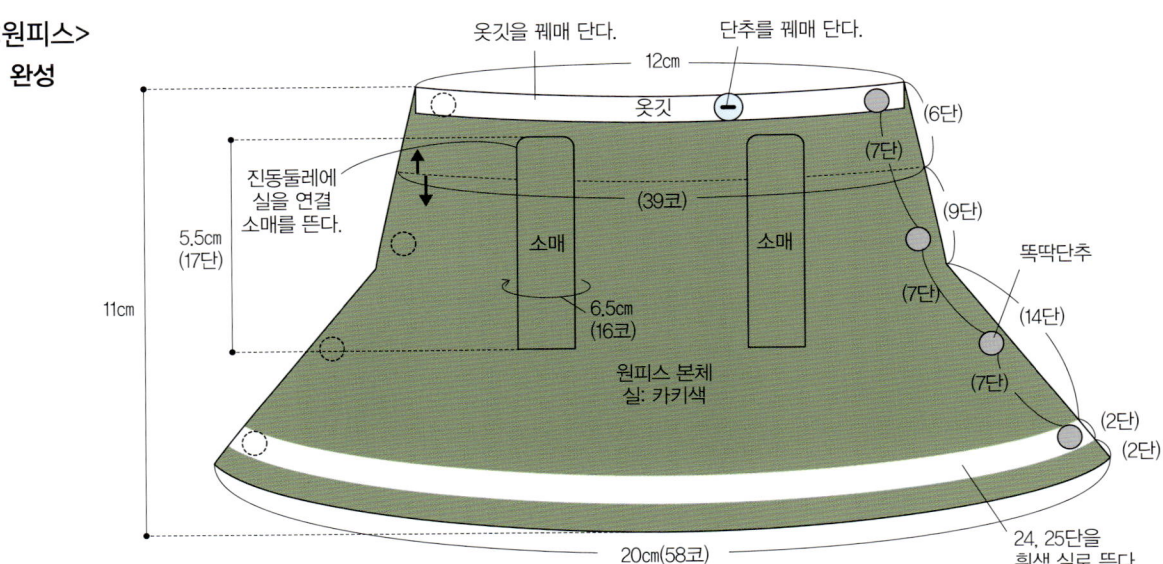

본체의 콧수 표

단수	콧수	색
28~33	39코	카키색
27	58코	카키색
26	58코	카키색
25	58코	흰색
24	58코	흰색
11~23	58코	카키색
10	58코(+19코)	카키색
1~9	39코	카키색

소매
실: ▨ = 카키색

◁ = 실 연결
◀ = 실 자르기
○ = 사슬뜨기
● = 빼뜨기
✕ = 짧은뜨기

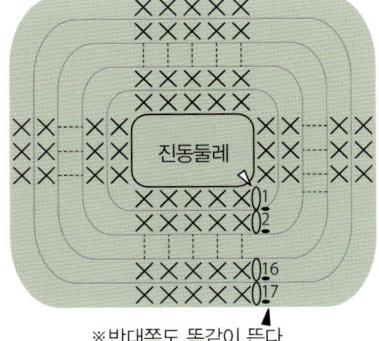

※반대쪽도 똑같이 뜬다.

옷깃
실: ▢ = 흰색

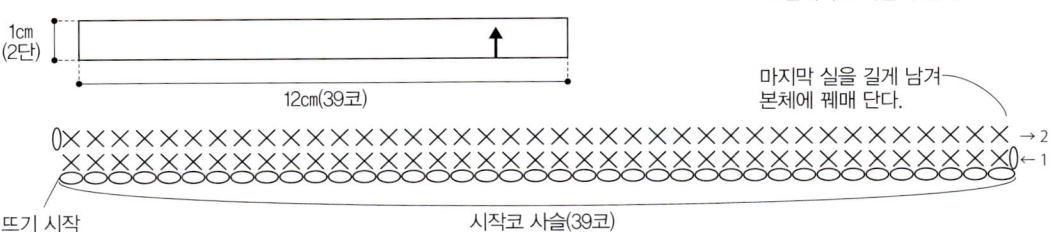

05 겨울의 아미무스 원피스 만들기

▶▶ Photo P.31

🎵 **재료**
【실】…… 하마나카 피콜로 #30(적자색) 14g, #2(에크뤼색) 1g
【기타】…… 똑딱단추[6mm] 4개, 바느질실(적자색) 적당량

🎵 **도구**
코바늘 4호(2.5mm), 돗바늘, 손바느질용 바늘

🎵 **완성 치수**
길이 10cm

🎵 **뜨는 법**
【원피스】
1 '기본 아미무스〈원피스〉(P.26)'를 콧수 표의 배색에 따라 뜬다.
2 진동둘레에 실을 연결하여 소매를 뜬다.
3 똑딱단추를 꿰매 단다.

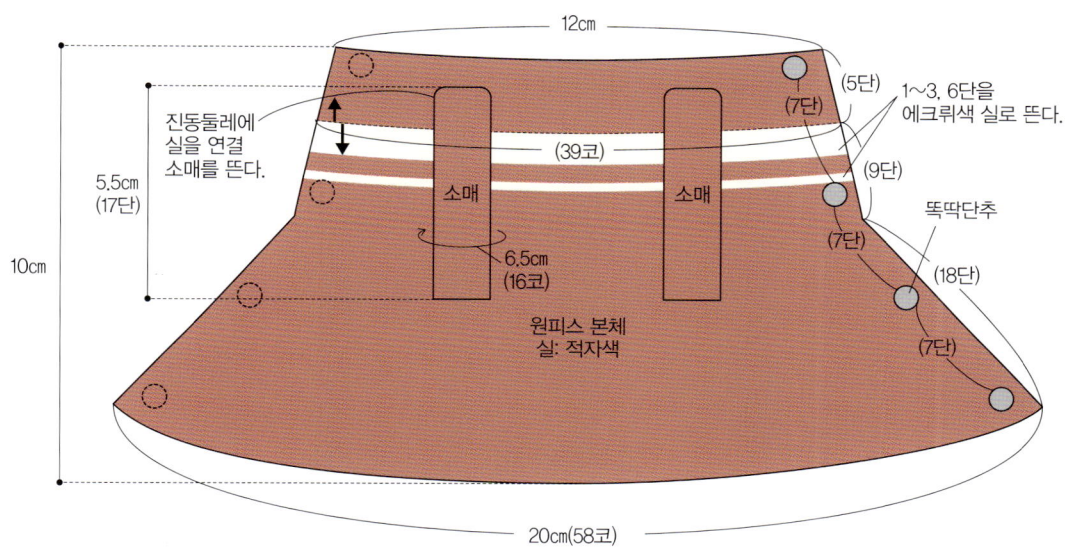

본체의 콧수 표

단수	콧수	색
28~32	39코	
11~27	58코	카키색
10	58코(+19코)	
7~9	39코	
6	39코	흰색
4~5	39코	적자색
1~3	39코	흰색

◁ = 실 연결
◀ = 실 자르기
○ = 사슬뜨기
● = 빼뜨기
× = 짧은뜨기

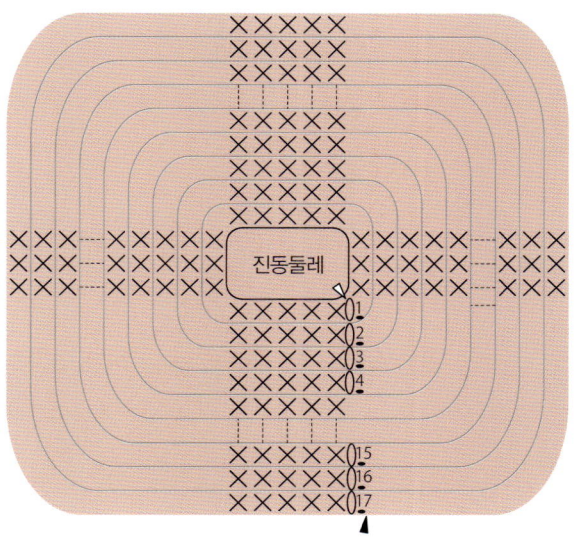

핼러윈 아미무스

호박 같은 실루엣이 깜찍한 투톤 원피스를
입고 과자를 받으러 가자!
빗자루를 들면 마녀가 된 기분♪

07

ITEM & RECIPE

아미(양 갈래 묶기)
바디→P.14, 머리 모양→P.87

+

원피스
P.60

삼각 모자
P.76

부츠
P.76

공주 아미무스

이번 재롱 잔치에서 공주 역을 맡았어. ☆
반짝이는 왕관과 그렇게 입고 싶던
핑크색 롱 드레스!

ITEM & RECIPE

무스(양 갈래 똥머리)
바디→P.14, 머리 모양→P.87

+

드레스
P.62

왕관
P.77

신발
P.77

동물 의상을 입은 아미무스

아미는 복슬한 토끼, 미무는 곰 의상을 입고 동물 역에 도전 중!
복슬복슬한 원피스에 귀가 달린 모자를 착용하면 힘이 넘쳐나☆

09

10

ITEM & RECIPE

09 토끼

아미(스트레이트)
P.14

+

원피스
P.38

귀 달린 모자
P.78

부츠
P.78

10 곰

미무(스트레이트)
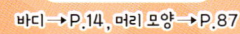
바디→P.14, 머리 모양→P.87

+

원피스
P.38

귀 달린 모자
P.78

부츠
P.78

09-10 동물 의상을 입은 아미무스 원피스 만들기

▶▶ Photo P.37

♪ 재료
09 【실】…… 하마나카 소노모노 루프 #51(흰색) 46g
   【기타】…… 똑딱단추[6mm] 5개, 바느질실(흰색) 적당량
10 【실】…… 하마나카 소노모노 루프 #53(갈색) 38g
   【기타】…… 똑딱단추[6mm] 5개, 바느질실(갈색) 적당량

♪ 도구
코바늘 5호(3.0mm), 돗바늘, 손바느질용 바늘

♪ 완성 치수
길이 10cm

♪ 뜨는 법
【원피스】
1 '기본 아미무스〈원피스〉(P.26)'를 뜬다.
2 진동둘레에 실을 연결 소매를 뜬다.
3 꼬리를 뜬 뒤 본체에 꿰매 단다.
4 똑딱단추를 꿰매 단다.

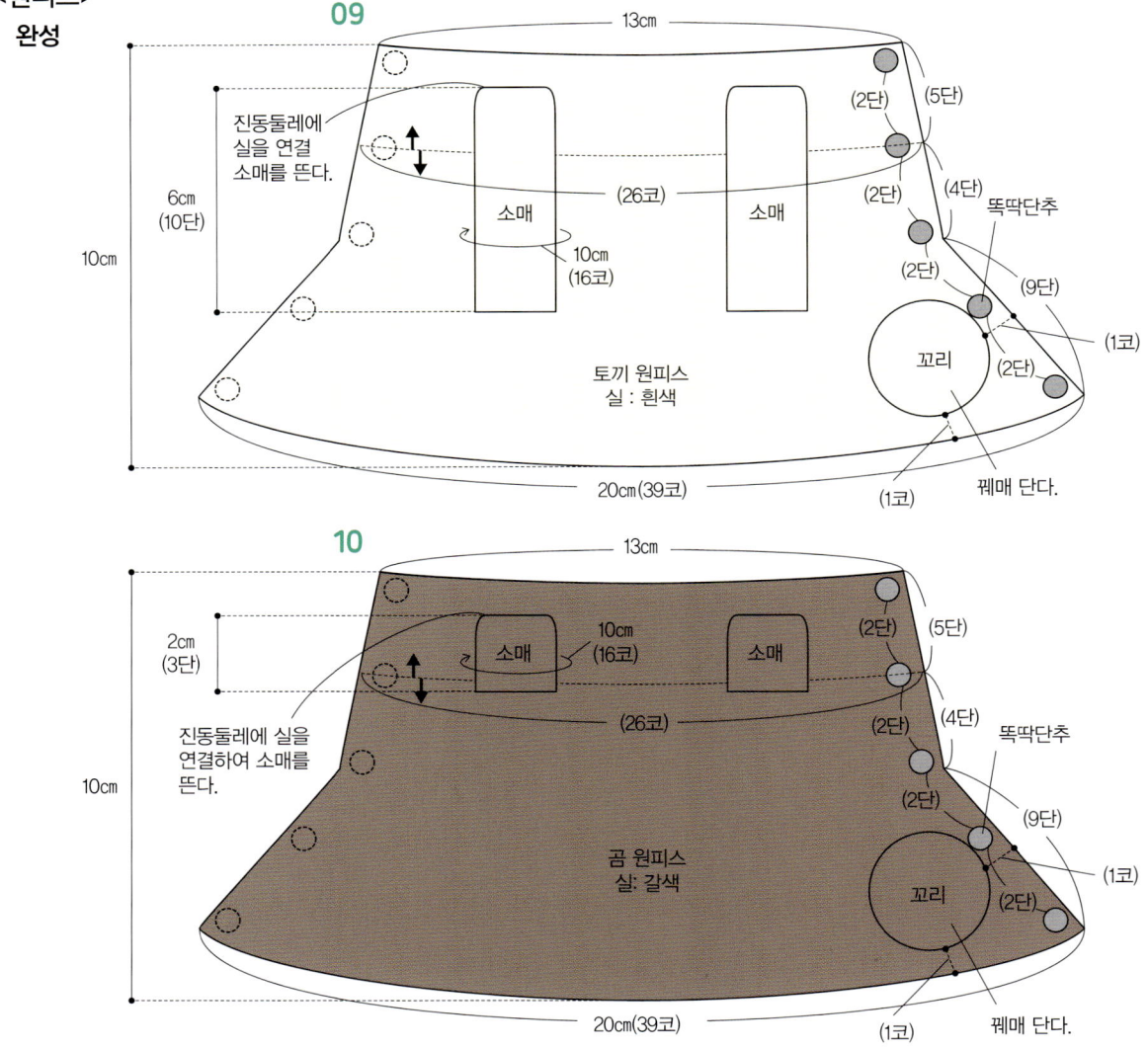

원피스 실 : 09 흰색 10 갈색

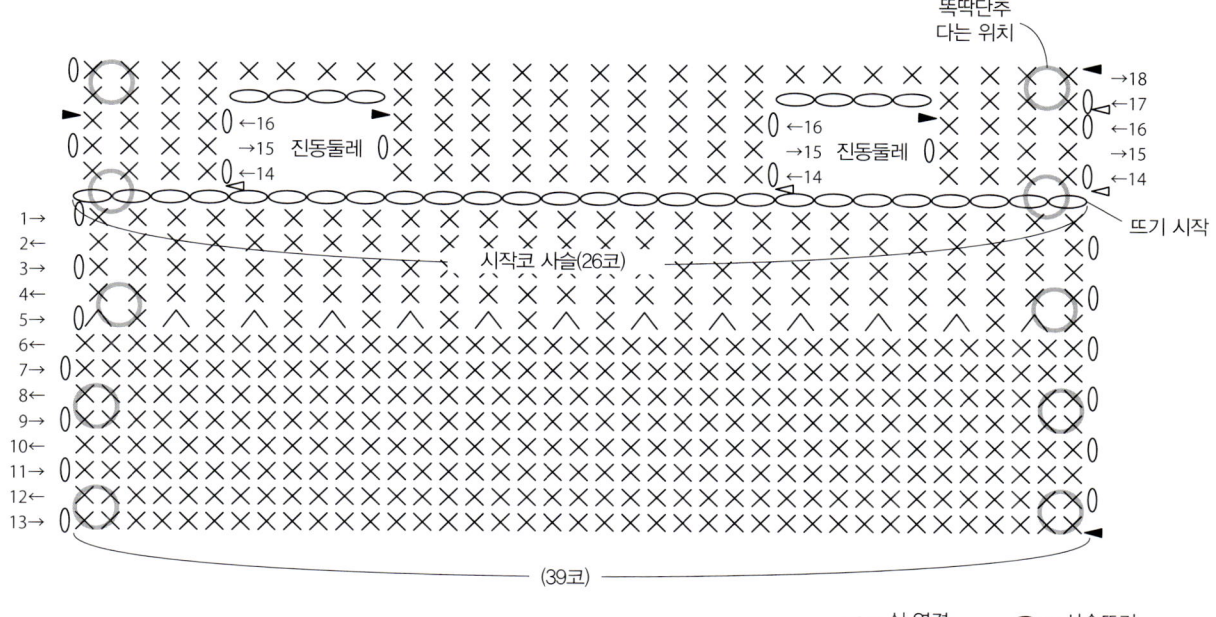

◁ = 실 연결   ◯ = 사슬뜨기
◀ = 실 자르기   ● = 빼뜨기
× = 짧은뜨기
∨ = 짧은뜨기 2코 늘려뜨기

소매 실 : 09 흰색 10 갈색

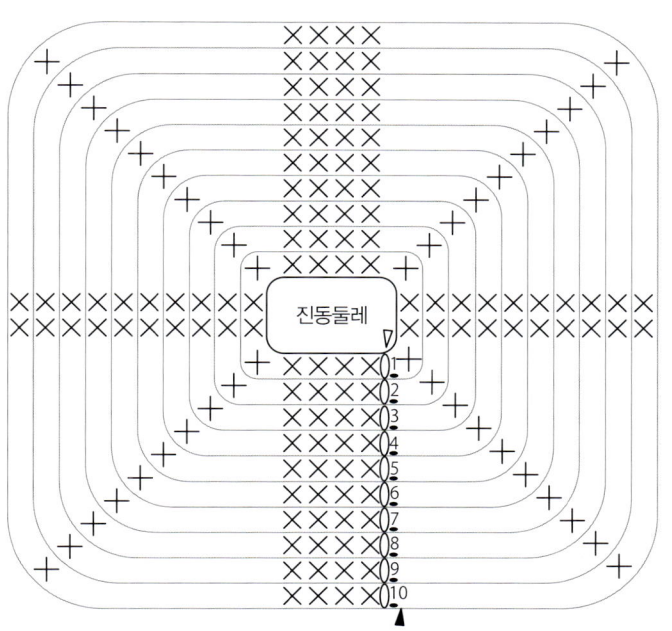

※10 곰 원피스의 소매는 3단까지 뜬다.
※반대쪽도 똑같이 뜬다.

꼬리 실 : 09 흰색 10 갈색

마지막 단의 실을 길게 남겨 본체에 꿰매 단다.

꼬리의 콧수 표

단수	콧수
3	12코
2	12코(+6코)
1	6코

웨이트리스 아미무스

검은 원피스에 흰색 앞치마와 헤드드레스로
카페 웨이트리스풍♪ 맛있는 커피에
어울리는 바삭한 쿠키는 어때?

⑪

ITEM & RECIPE

 아미(스트레이트) P.14

\+

 원피스 P.65

 헤드드레스 P.79

 앞치마 P.65

 신발 P.79

매일 아침 거르지 않고
물을 줘 ♪

⑫

꽃집 주인 아미무스

이제 막 오픈한 꽃집. 내가 주인이야!
오늘은 화분도 절화도 많이 들어와서
가게 안에 좋은 향이 가득 ♡

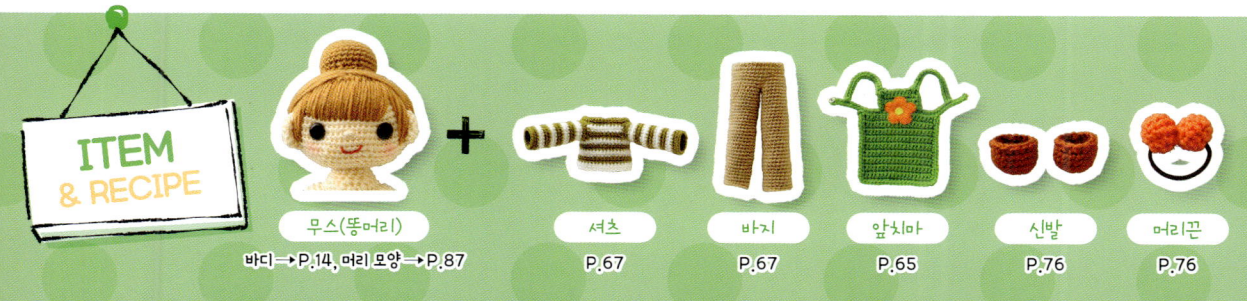

ITEM & RECIPE

무스(똥머리)
바디→P.14, 머리 모양→P.87

+

셔츠
P.67

바지
P.67

앞치마
P.65

신발
P.76

머리끈
P.76

어디 나도
맛 좀 볼까♡

⑬

파티시에 아미무스

우리 가게가 자랑하고 제일 추천하는
디저트는 체리를 얹은 탱글탱글한 푸딩♪
내 자신작 어서 먹어 봐.

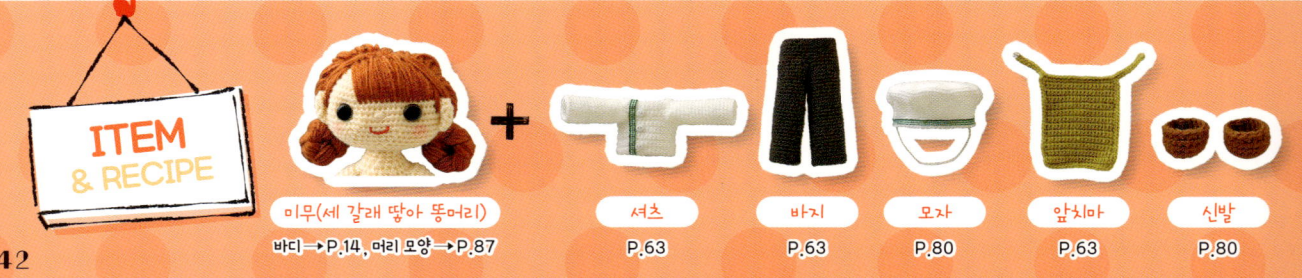

ITEM & RECIPE

미무(세 갈래 땋아 똥머리)
바디→P.14, 머리 모양→P.87

셔츠 P.63

바지 P.63

모자 P.80

앞치마 P.63

신발 P.80

19 파자마를 입은 아미무스 만들기

▶▶ Photo P.48

♪ 재료
【실】…… 하마나카 피콜로 #5(핑크색) 22g
【기타】…… 단추[7mm](빨간색) 3개, 똑딱단추[6mm] 3개, 티롤리안
테이프 적당량, 바느질실(핑크색) 적당량

♪ 도구
코바늘 4호(2.5mm), 돗바늘, 손바느질용 바늘

♪ 완성 치수
【실】…… 길이 5cm
【기타】…… 길이 10.5cm

♪ 뜨는 법
【긴소매】
1 '기본 아미무스 〈원피스〉(P.26)'의 뜨개 도안대로 뜨는데, 아랫부분을 9단까지 떠서 길이를 짧게 완성한다.
2 진동둘레에 실을 연결하여 '가을의 아미무스 〈원피스〉 소매(P.32)'의 뜨개 도안대로 뜬다.
3 옷깃을 뜬 뒤 원피스 본체에 꿰매 단다.
4 단추, 똑딱단추를 꿰매 단다.
5 티롤리안 테이프를 긴소매에 꿰매 단다.

【바지】
1 '룸웨어를 입은 아미무스 〈반바지〉(P.45)'의 ⓑ를 28단으로 뜬다.

<긴소매・바지>
완성

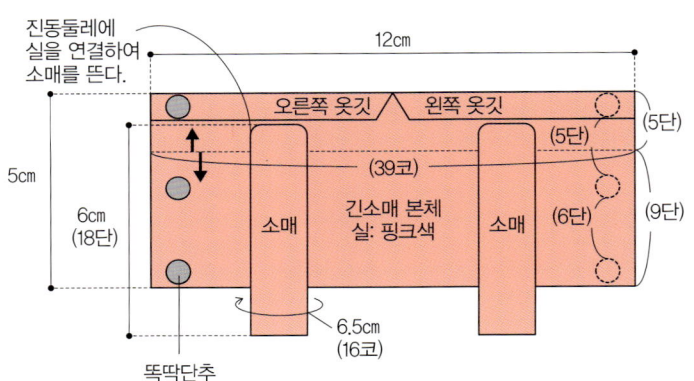
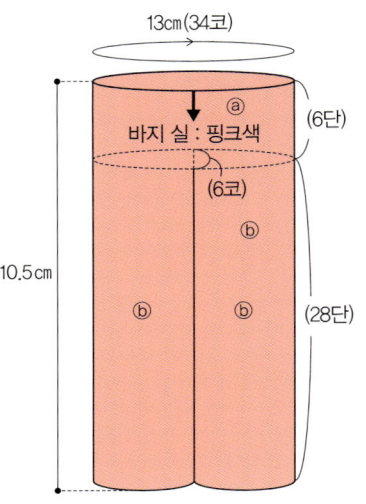

옷깃 실 : 핑크색

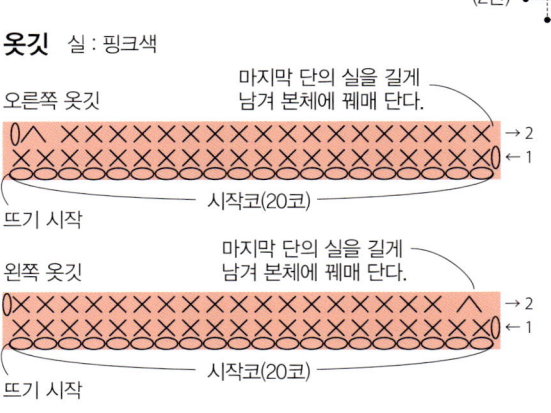

완성하는 법

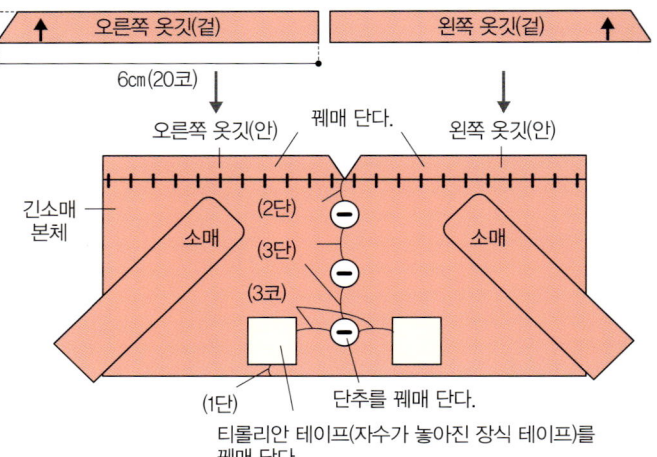

○ = 사슬뜨기
✕ = 짧은뜨기

20 룸웨어를 입은 아미무스 만들기

▶▶ Photo P.49

♪ 재료
【실】…… 하마나카 피콜로 #12(물색) 8g, #40 레이스 실(흰색) 1g
【기타】…… 단추[7mm](흰색) 2개, 똑딱단추[6mm] 2개, 바느질실(흰색) 적당량

♪ 도구
코바늘 4호, 레이스용 코바늘 6호(1.0mm), 돗바늘, 손바느질용 바늘

♪ 완성 치수
【민소매】…… 길이 4.5cm
【반바지】…… 길이 3cm

♪ 뜨는 법
【민소매】
1 '기본 아미무스 〈원피스〉(P.26)'의 뜨개 도안대로 뜨는데, 아랫부분을 9단까지 떠서 길이를 짧게 완성한다. 밑단을 레이스 실로 2단 뜬다.
2 단추, 똑딱단추를 꿰매 단다.

【반바지】
1 사슬뜨기로 34코를 만들어 원형으로 ⓐ를 뜬다. ⓐ에 사슬뜨기 6코를 연결하여 뜨개 도안대로 ⓑ를 뜬다.

<민소매 · 반바지>

완성

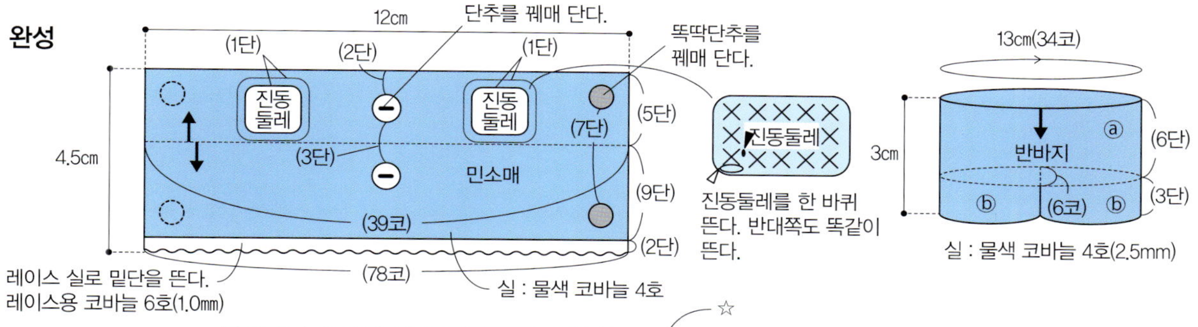

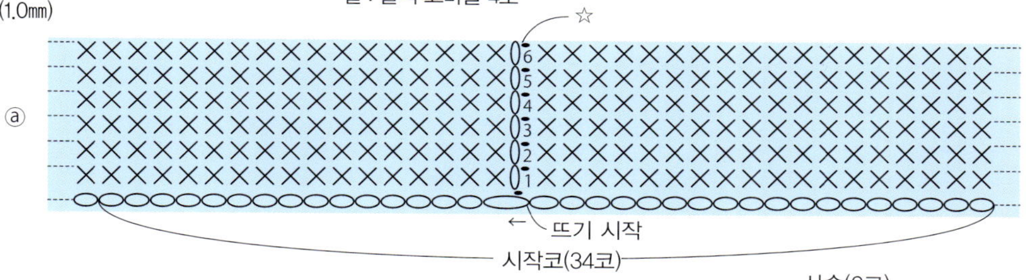

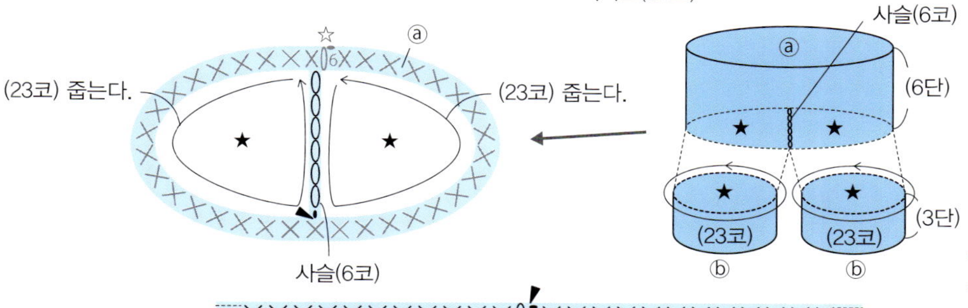

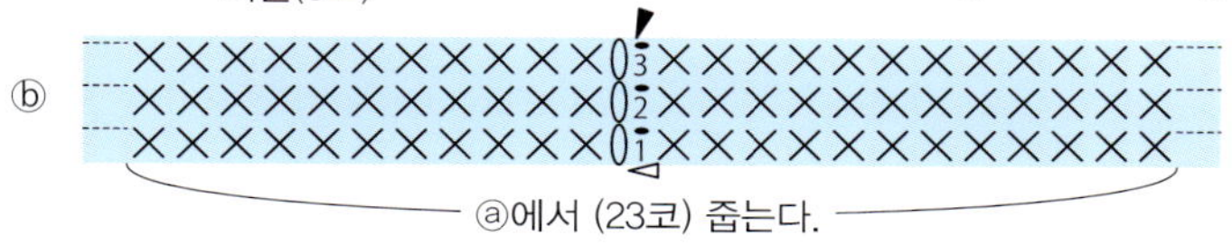

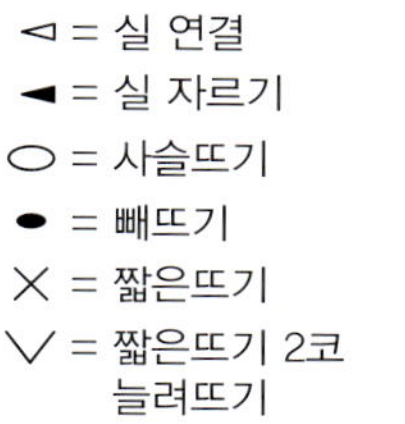

민소매 밑단

실: □ = 물색   □ = 레이스 실

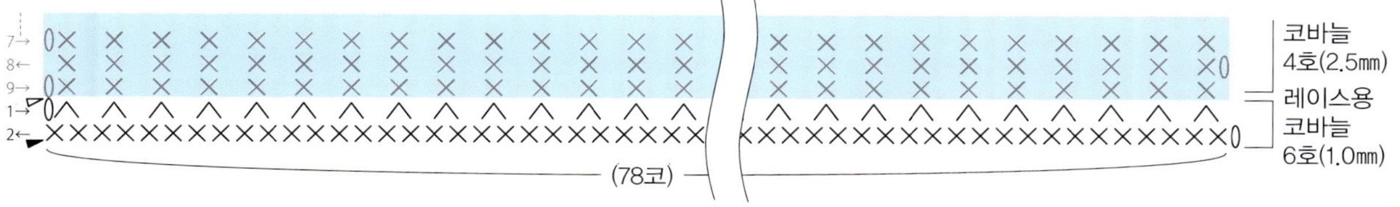

◁ = 실 연결
◀ = 실 자르기
○ = 사슬뜨기
● = 빼뜨기
× = 짧은뜨기
∨ = 짧은뜨기 2코 늘려뜨기

45

세일러복을 입은 아미무스

오늘은 이따가 반 친구랑 크레이프를 먹으러 가♡
기본 디자인의 세일러복에는 로퍼가 그만이지!

⑱

ITEM & RECIPE

미무(스트레이트)
바디→P.14, 머리 모양→P.87

+

세일러복
P.66

로퍼
P.82

47

파자마를 입은 아미무스

커튼을 열고 기지개를 크게 켜면 새 아침이 시작돼!
오늘은 어떤 즐거운 일이 기다리고 있을까♪

19

ITEM & RECIPE

미무(웨이브) 바디
바디→P.14, 머리 모양→P.87

+

긴소매
P.44

바지
P.44

룸웨어를 입은 아미무스

제일 좋아하는 룸웨어로 갈아입은 뒤 책을 읽거나
따뜻한 우유를 마시며 편안히 쉬어 봐♡
즐거웠던 하루를 떠올리며……

20

아미(사이드 묶기)
바디→P.14, 머리 모양→P.87

+

민소매
P.45

반바지
P.45

머리끈
P.73

ITEM & RECIPE

49

아미뮤스 옷장

민족 의상풍 차림은 나들이옷으로 제격♪ 비스듬히 쓴 모자가 포인트!

A 셔츠

B C 원피스

D E 레이스업 슈즈

♪ RECIPE
A, B, C → P.54
D, E → P.83

Spring & Summer

아미무스를 만들었다면, 다음에는 옷과 소품을 만들어서 코디하며 놀아 봐. 여기서는 봄·여름 시즌 아이템을 소개할게 ♪

더운 여름날에는 이렇게 시원한 민소매 원피스 코디는 어때?

F

G

H

모자

I

J

가방   신발

♪ RECIPE
F~J → P.83

아미무스 옷장

체리가 포인트인 원피스에 긴소매 카디건을 걸쳐서 포근하게 코디 ♪ 베레모는 카디건과 같은 빨간색으로 맞췄어!

K

L

원피스

M N

베레모

♪ RECIPE
K, L → P.55
M, N → P.84

Autumn & Winter

찬바람이 부는 가을·겨울 시즌에는 따뜻한 색감의 옷이 그만이야.
조합에 따라 다양한 코디를 즐길 수 있어!

아미의 코디를 보라색 계열 아이템으로 바꿔서 성숙하게. 리본이 달린 가방도 귀엽지♡

O

가방

P

Q

카디건

R S

부츠

♪ RECIPE
O, R, S → P.84
P, Q → P.55

 # 아미무스 옷장 만들기

▶▶ Photo P.50

♪ 재료

A 【실】…… 하마나카 피콜로 #1(흰색) 6g
【기타】…… 똑딱단추[6mm] 3개, 새틴 리본[3mm 폭](검은색) 10cm, 바느질실(흰색)·(검은색) 적당량

B 【실】…… 하마나카 피콜로 #6(빨간색) 13g·#20(검은색) 1g, #40 레이스 실(검은색) 1g
【기타】…… 단추[7mm](검은색) 2개, 똑딱단추[6mm] 4개, 바느질실(빨간색)·(검은색) 적당량

C 【실】…… 하마나카 피콜로 #41(크림색) 13g·#1(흰색) 1g, #40 레이스 실(흰색) 1g
【기타】…… 단추[7mm](흰색) 2개, 똑딱단추[6mm] 4개, 바느질실(흰색)·(노란색) 적당량

♪ 도구
코바늘 4호, 레이스용 코바늘 6호(1.0mm), 돗바늘, 손바느질용 바늘

♪ 완성 치수
A 【셔츠】…… 길이 4.5cm
BC 【원피스】…… 길이 11cm

♪ 뜨는 법

A 【셔츠】
1 "기본 아미무스 〈원피스〉(P.26)'의 1~9단과 28~32단까지 뜬다.
2 진동둘레에 실을 연결하여 '가을의 아미무스 〈원피스〉 소매(P.32)'의 뜨개 도안대로 8단까지 떠서 반소매로 완성한다.
3 똑딱단추를 꿰매 단다.
4 새틴 리본을 꿰매 단다.

BC 【원피스】
1 '기본 아미무스 〈원피스〉(P.26)'의 뜨개 도안대로 뜬다. 밑단에 레이스 실을 연결하여 3단을 더 뜬다.
2 단추, 똑딱단추를 꿰매 단다.
3 B는 검은색, C는 흰색 털실(1가닥)로 원피스 앞부분에 박음질하여 수놓는다.

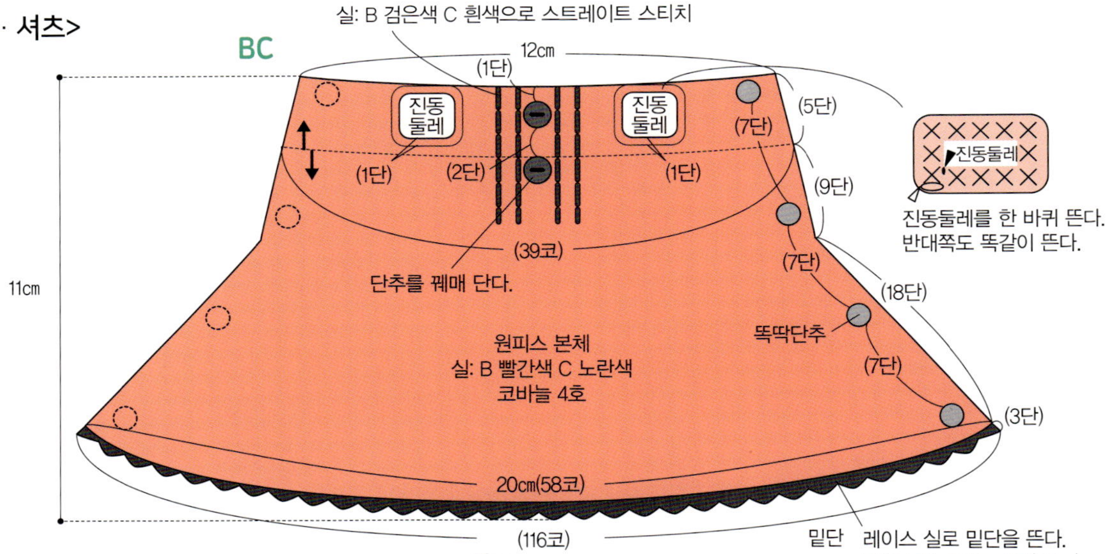

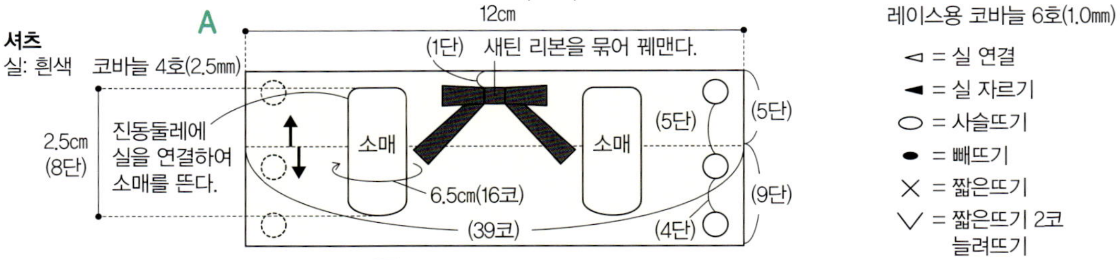

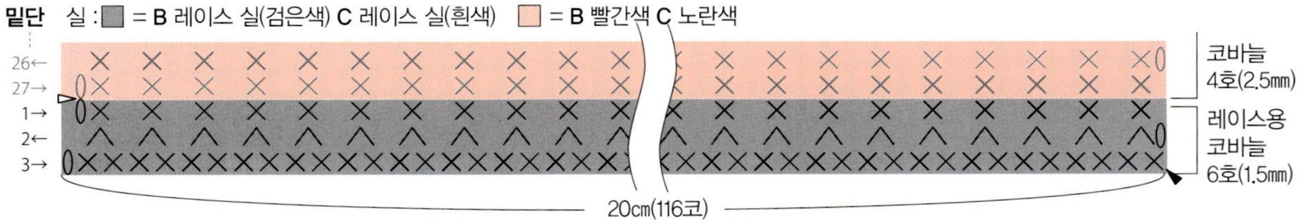

KLPQ 아미무스 옷장 만들기

▶▶ Photo P.52, 53

♪ 재료

K 【실】…… 하마나카 피콜로 #25(황금색) 9g, #42(노란색) 4g, #26(주홍색) 1g
【기타】…… 똑딱단추[6mm] 4개, 펠트(녹색) 적당량, #25 자수 실(녹색) 적당량, 바느질실(황금색)·(빨간색) 적당량 10cm, 바느질실(흰색)·(검은색) 적당량

L 【실】…… 하마나카 피콜로 #14(연보라색) 9g, #33(연회색) 4g, #31(진보라색) 2g
【기타】…… 똑딱단추[6mm] 4개, 바느질실(연보라색)·(연회색) 적당량

P 【실】…… 하마나카 피콜로 #26(주홍색) 10g
【기타】…… 단추[7mm](빨간색) 1개, 똑딱단추[6mm] 1개, 바느질실(빨간색) 적당량

Q 【실】…… 하마나카 피콜로 #31(진보라색) 10g
【기타】…… 단추[7mm](보라색) 1개, 똑딱단추[6mm] 1개, 바느질실(진보라색) 적당량

♪ 도구
코바늘 4호(2.5mm), 돗바늘, 손바느질용 바늘, 본드

♪ 완성 치수
K L 【원피스】…… 길이 11cm
P Q 【카디건】…… 길이 5.5cm

♪ 뜨는 법

K L 【원피스】
1. '기본 아미무스 〈원피스〉(P.26)'의 뜨개 도안대로 뜨는데, 아랫부분을 8단까지 뜨고 실 배색을 바꿔 25단까지 뜬다. 26단은 밑단 뜨개 도안대로 뜬다.
2. 똑딱단추를 꿰매 단다.
3. K는 체리의 잎을 패턴대로 자르고 체리를 뜬다. 원피스 본체에 잎을 본드로 붙이고 체리를 꿰매 단다. 스트레이트 스티치로 줄기를 수놓는다. L은 꽃을 뜬 뒤 꿰매 단다.

P Q 【카디건】
1. '기본 아미무스 〈원피스〉(P.26)'의 도안대로 아랫부분을 9단까지 뜨고 10단은 코를 늘리지 않고 떠서 길이를 짧게 완성한다.
2. 진동둘레에 실을 연결하여 '가을의 아미무스 〈원피스〉 소매(P.32)'의 뜨개 도안대로 뜬다. 테두리뜨기를 1단 뜬다.
3. 단추, 똑딱단추를 꿰매 단다.

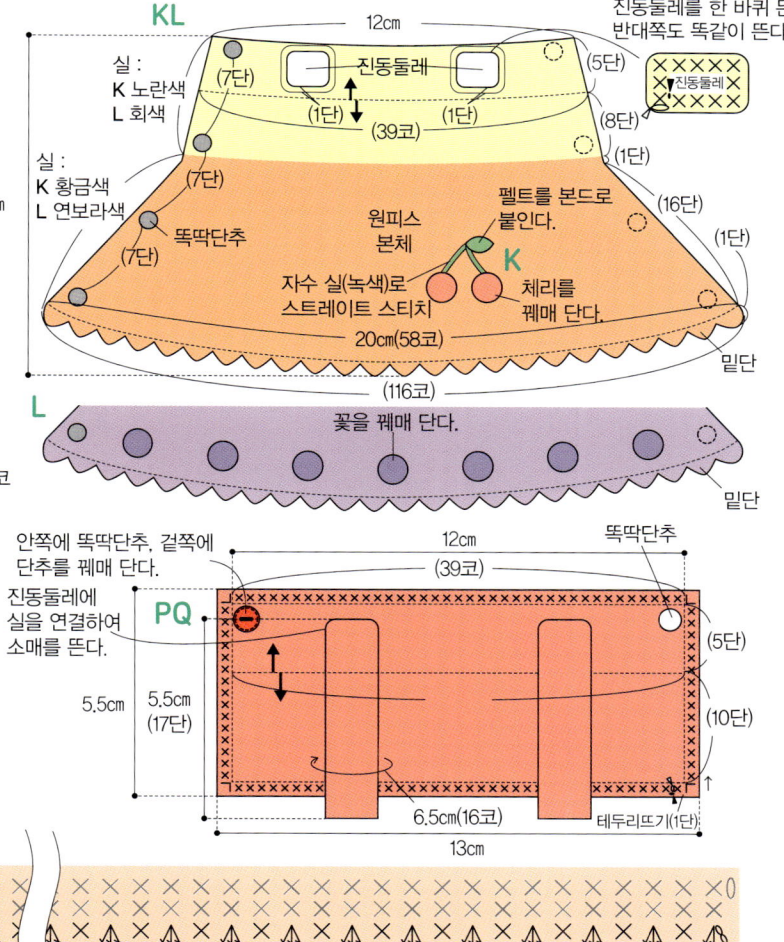

55

아미무스 backstyle

이 책에 나온 아미무스들의 뒷모습 총집합!
아미무스를 만들 때 참고한다.

02 봄의 아미무스 원피스 만들기

▶▶ Photo P.20

♪ 재료
【실】…… 하마나카 피콜로 #47(핑크색) 20g
【기타】…… 똑딱단추[6mm] 4개, 토션 레이스[1cm 폭] 90cm, 바느질 실(핑크색) 적당량

♪ 도구
코바늘 4호(2.5mm), 돗바늘, 손바느질용 바늘

♪ 완성 치수
길이 11cm

♪ 뜨는 법
【원피스】
1 '기본 아미무스 〈원피스〉(P.26)'를 뜬다.
2 진동둘레에 실을 연결하여 '가을의 아미무스 〈원피스〉 소매(P.32)'의 뜨개 도안대로 뜬다.
3 옷깃을 뜬다.
4 원피스의 밑단, 옷깃에 토션 레이스를 꿰매 단다.
5 옷깃을 원피스 본체에 꿰매 단다.
6 똑딱단추를 꿰매 단다.

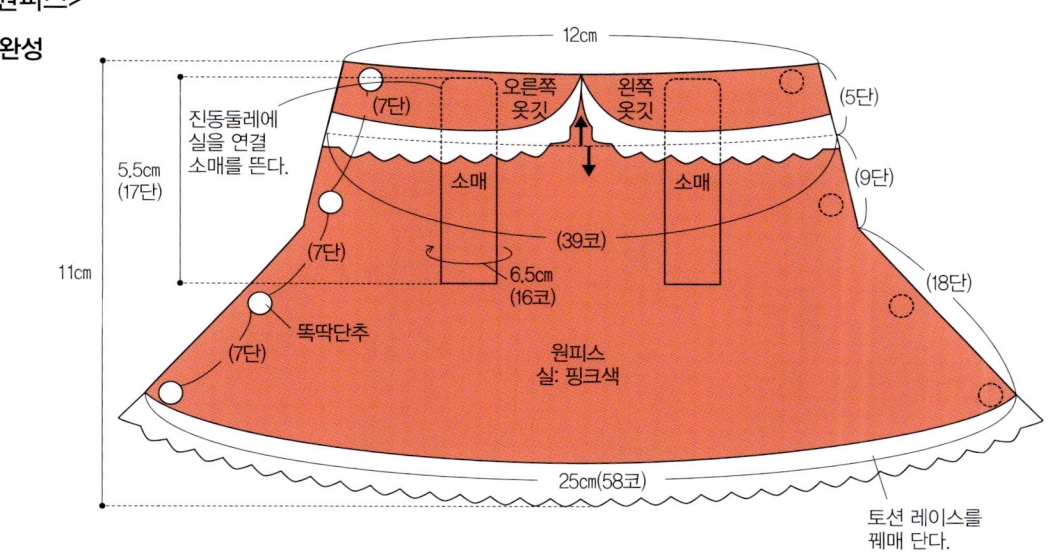

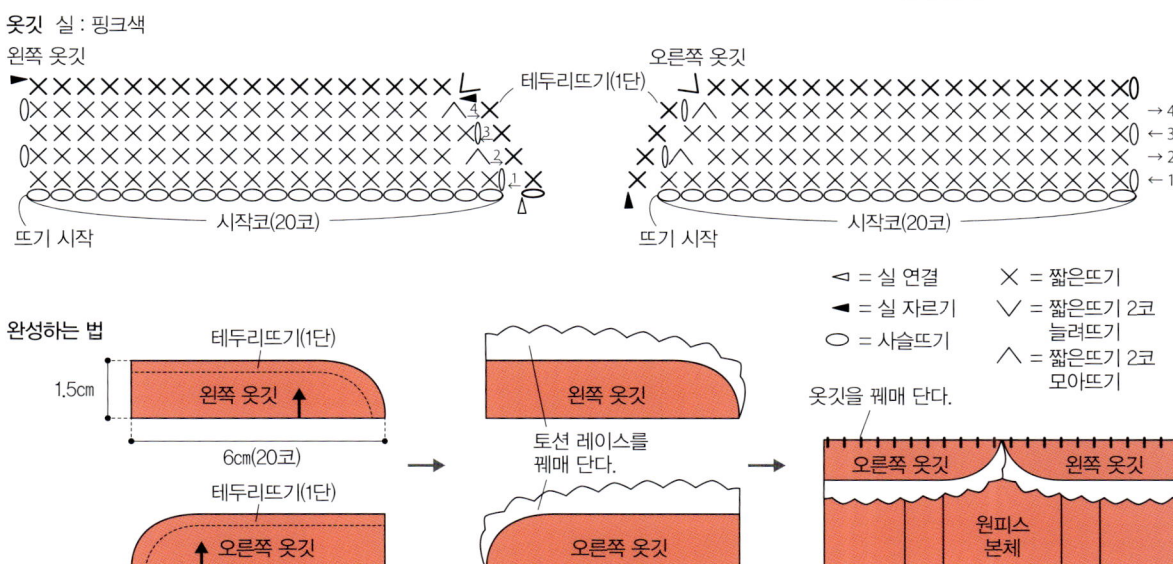

여름의 아미무스 원피스 만들기

▶▶ Photo P.29

♪ 재료
【실】······ 하마나카 피콜로 #23(파란색) 15g
【기타】······ 단추[7mm](파란색) 2개, 똑딱단추[6mm] 4개, 바느질실
(파란색) 적당량, 마음에 드는 토션 레이스 2종류 30cm · 5cm

♪ 도구
코바늘 4호(2.5mm), 돗바늘, 손바느질용 바늘

♪ 완성 치수
길이 11cm

♪ 뜨는 법
【원피스】
1 '기본 아미무스 〈원피스〉(P.26)'의 뜨개 도안대로 뜨는데, 아랫부분을 24단까지 뜨고 밑단을 4단 뜬다.
2 가슴과 밑단에 마음에 드는 토션 레이스를 꿰매 단다.
3 단추, 똑딱단추를 꿰맨다.

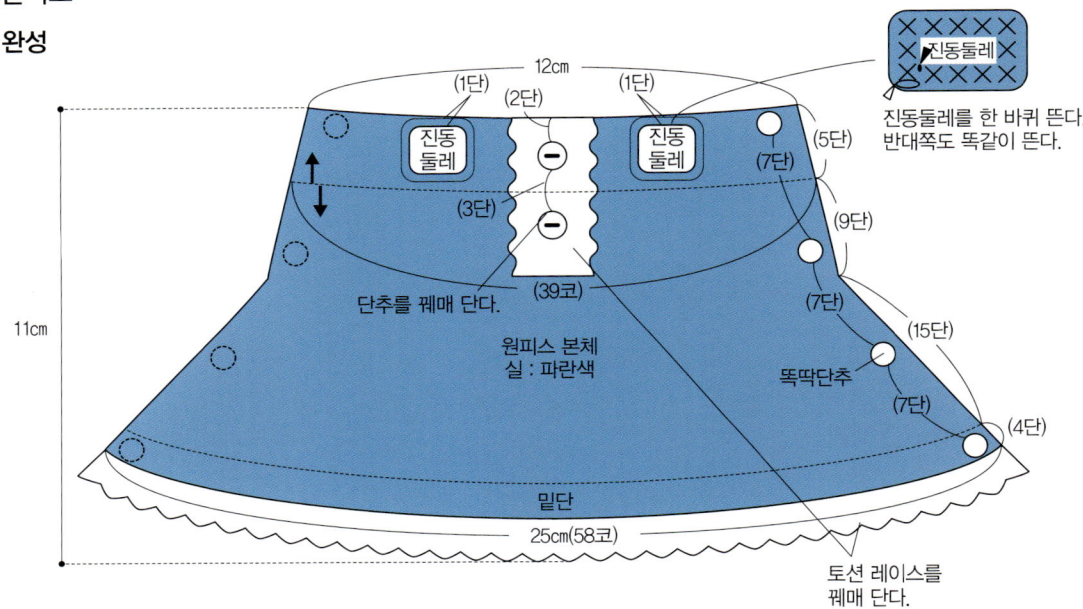

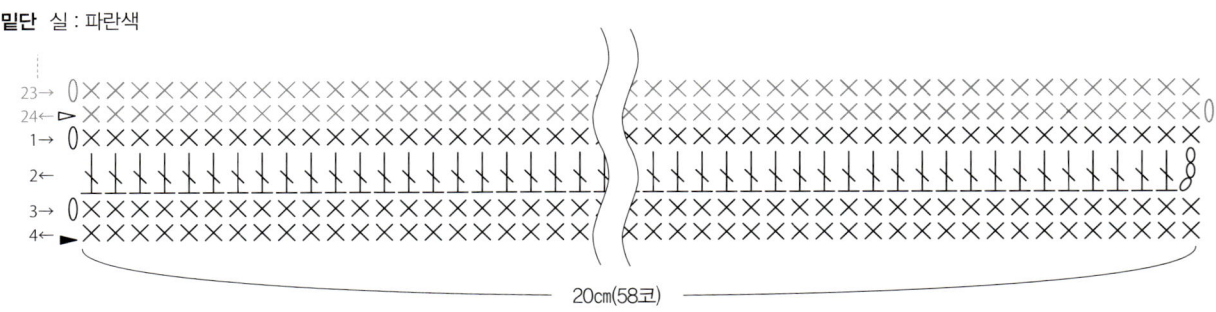

◁ = 실 연결   ○ = 사슬뜨기   × = 짧은뜨기
◀ = 실 자르기   ● = 빼뜨기   ╪ = 한길긴뜨기

06 크리스마스 아미무스 만들기

▶▶ Photo P.34

♪ 재료
【실】······ 하마나카 피콜로 #6(빨간색) 23g, 하마나카 소노모노 루프 #51(흰색) 4g
【기타】······ 똑딱단추[6mm] 5개, 바느질실(빨간색) 적당량

♪ 도구
코바늘 4호(2.5mm)·5호(3.0mm), 돗바늘, 손바느질용 바늘

♪ 완성 치수
길이 10cm

♪ 뜨는 법
【원피스】
1. '기본 아미무스〈원피스〉(P.26)'의 뜨개 도안대로 뜨는데, 아랫부분을 24단까지 뜨고 25단은 실을 바꿔 1단 뜬다.
2. 진동둘레에 실을 연결하여 짧은뜨기를 1단 뜬다.
3. 똑딱단추를 꿰매 단다.

【케이프】
1. 사슬뜨기로 28코를 만들어 뜨개 도안대로 뜬다.
2. 본체의 실을 정리한 뒤 실(흰색)을 연결하고 테두리뜨기를 1단 뜬다.
3. 똑딱단추를 꿰매 단다.

<원피스·케이프>

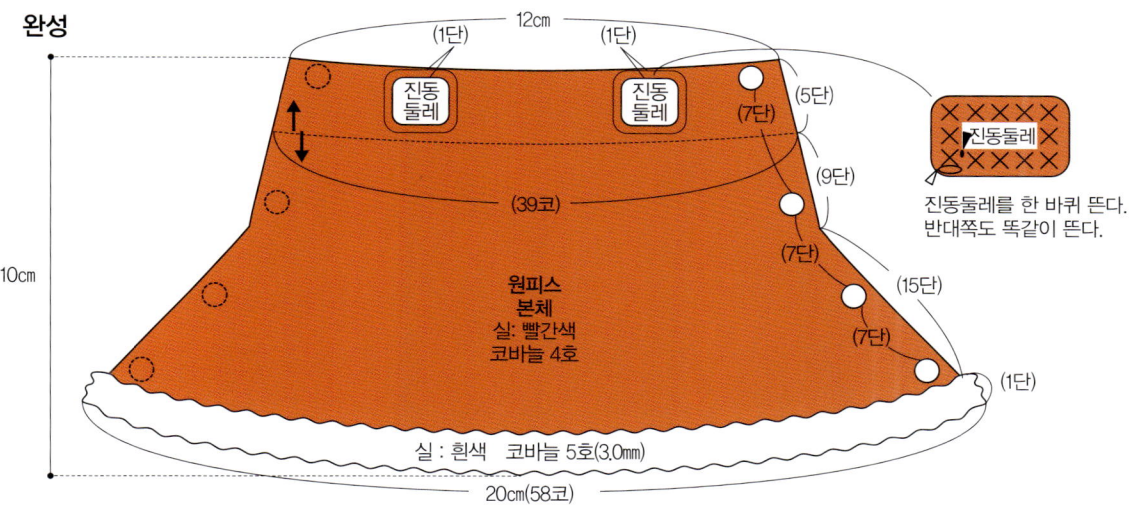

원피스 본체의 콧수 표

단수	콧수	색
28~32	39코	빨간색
25	58코	흰색
11~24	58코	빨간색
10	58코(+19코)	
1~9	39코	

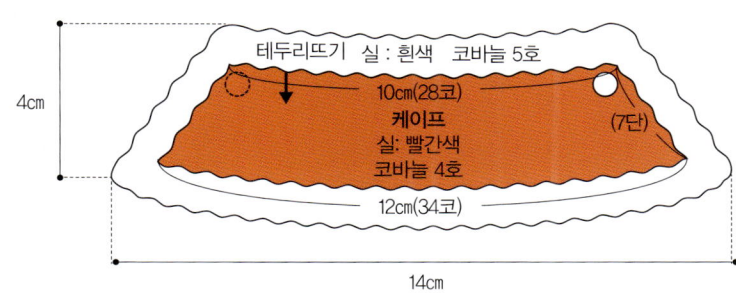

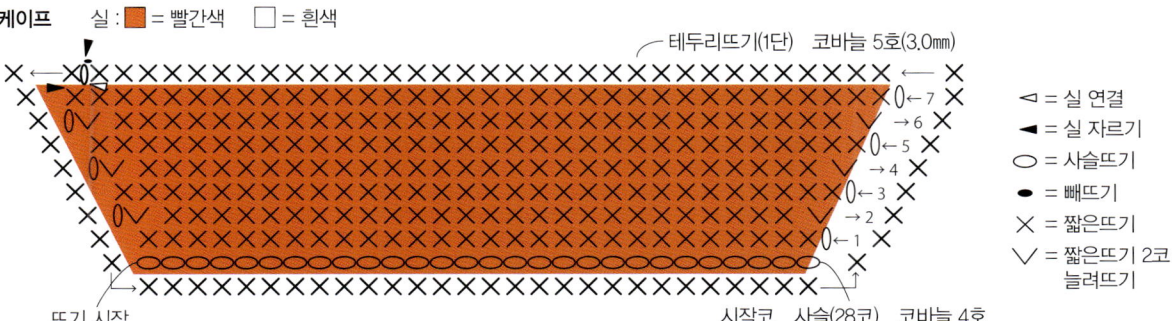

07 핼러윈 아미무스 만들기

▶▶ Photo P.35

🎵 **재료**

【실】…… 하마나카 피콜로 #7(오렌지색) 7g, #20(검은색) 10g
【기타】…… 단추[7mm] 2개, 똑딱단추[6mm] 4개, 리본 장식(오렌지색) 1개, 바느질실(오렌지색)·(검은색) 적당량

🎵 **도구**

코바늘 4호(2.5mm), 돗바늘, 손바느질용 바늘

🎵 **완성 치수**

길이 9cm

🎵 **뜨는 법**

【원피스】
1. 사슬뜨기로 코를 만들어 뜨개 도안대로 뜬다.
2. 진동둘레에 실을 연결하여 소매를 뜬다.
3. 단추, 똑딱단추, 리본 장식을 꿰매 단다.

※ 아미무스 '아미(양 갈래 묶기)'는 다리를 '하마나카 피콜로 #1(흰색)'으로 뜬다. 뜨는 법은 '기본 아미무스(P.16~25)' 참고.

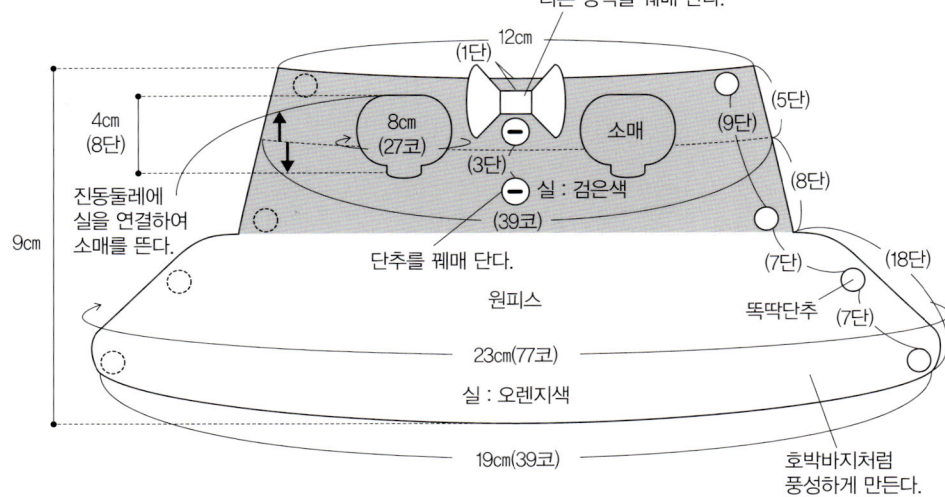

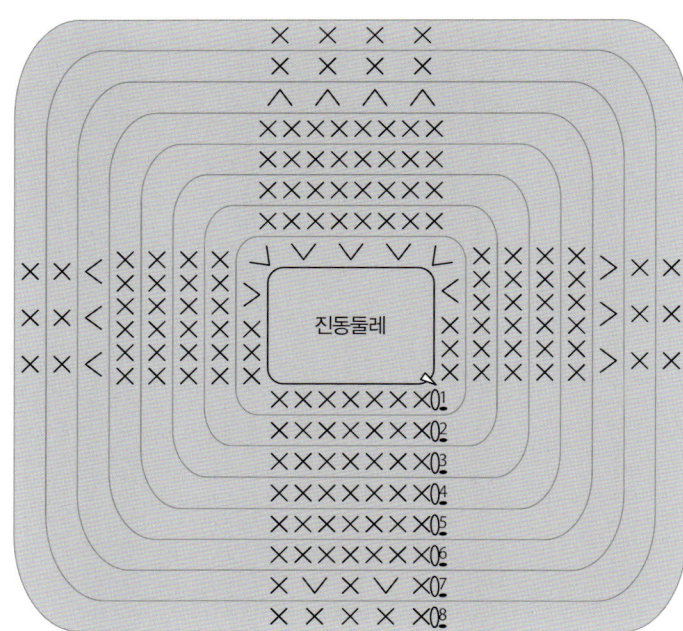

본체

실: ■ = 검은색 □ = 오렌지색

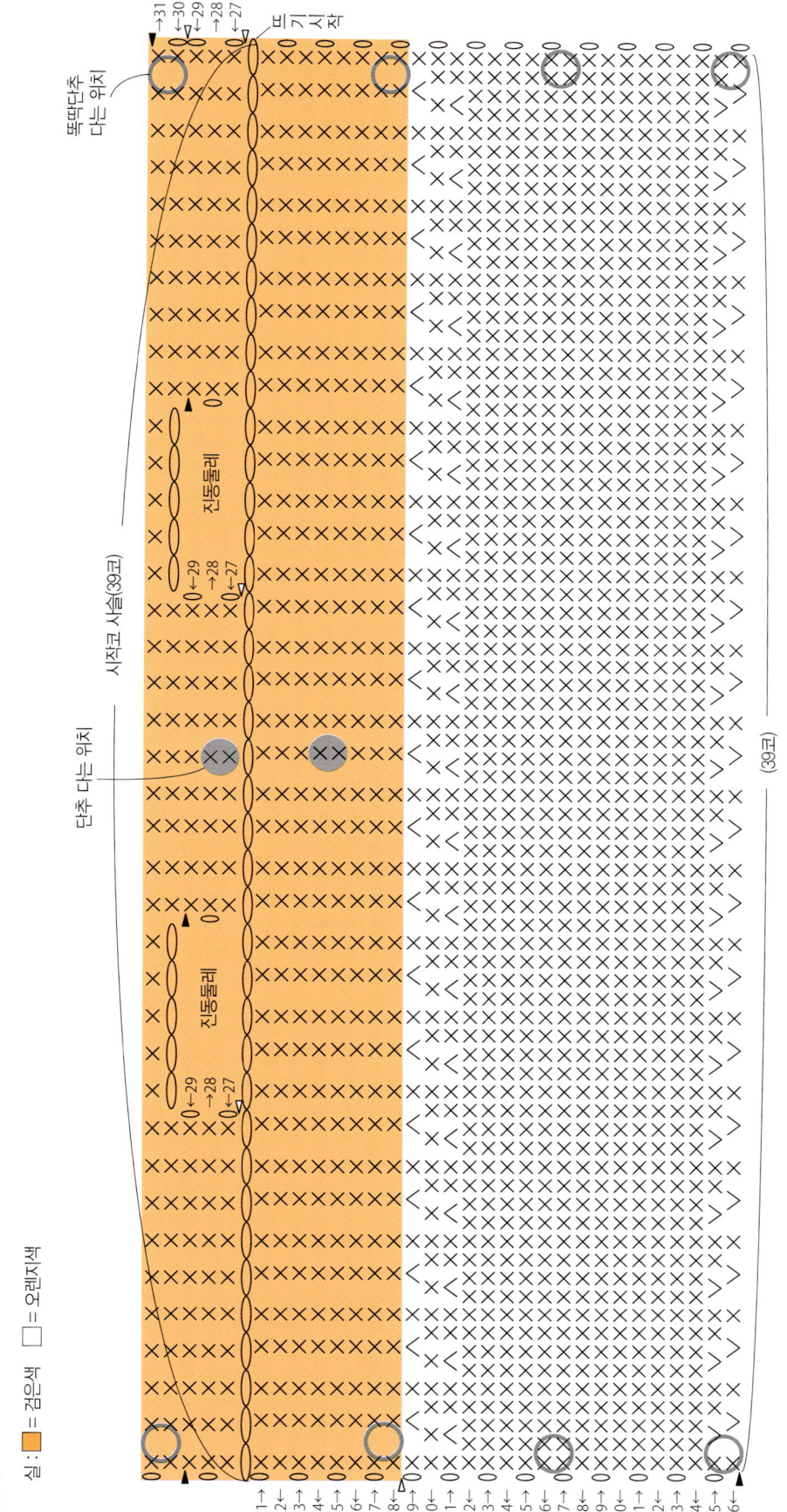

# 08 공주 아미무스 만들기

▶▶ Photo P.30

♪ 재료
【실】…… 하마나카 피콜로 #22(쇼킹핑크색) 26g
【기타】…… 똑딱단추[6mm] 6개, 토션 레이스[1cm 폭] 30cm, 진주 비즈[3mm] 42개, 바느질실(핑크색) 적당량

♪ 도구
코바늘 4호(2.5mm), 돗바늘, 손바느질용 바늘

♪ 완성 치수
길이 16cm

♪ 뜨는 법
【드레스】
1 '핼러윈 아미무스 〈원피스〉(P.61)'의 뜨개 도안대로 아랫부분을 24단까지 뜨고, 25단 이후에는 증감 없이 41단까지 뜬다.
2 진동둘레에 실을 연결하여 '핼러윈 아미무스 〈원피스〉 소매(P.60)'의 도안대로 뜬다.
3 똑딱단추를 꿰매 단다.
4 토션 레이스를 밑단에 꿰매 단다.
5 진주 비즈를 가슴과 밑단에 꿰매 달아 장식을 해준다.

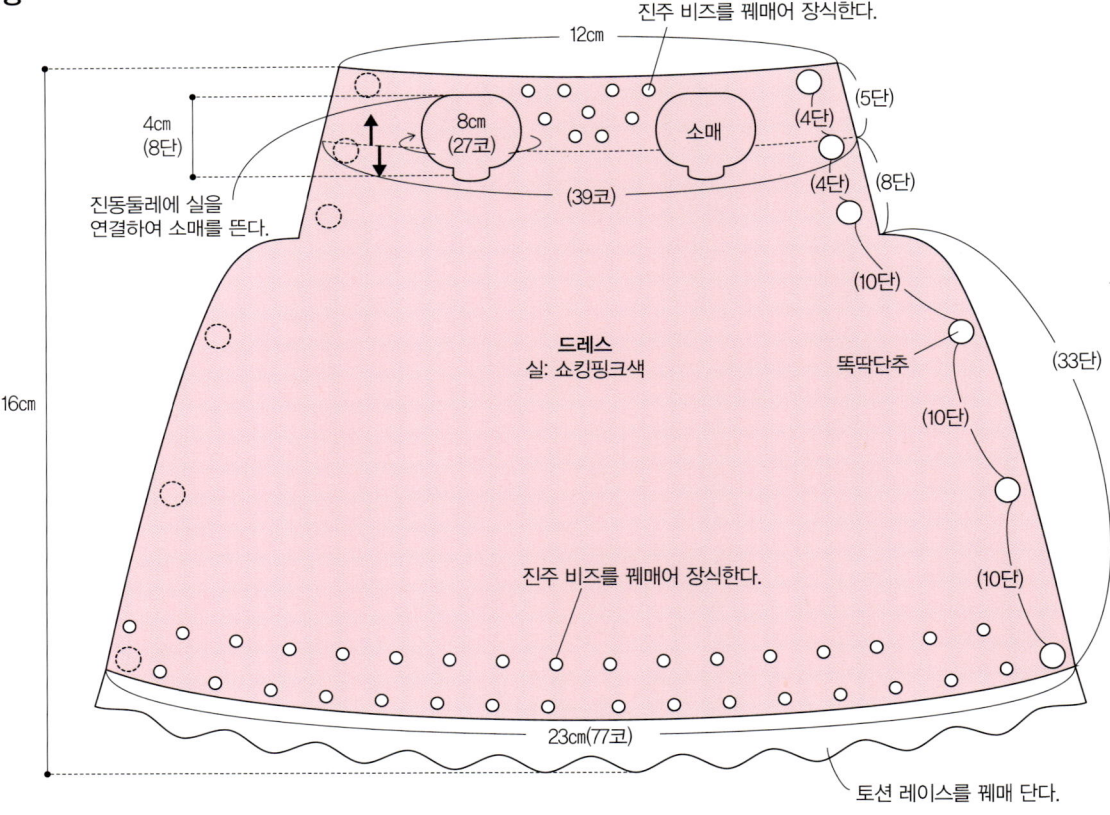

13 파티시에 아미무스 만들기

▶▶ Photo P.42

♪ 재료
【실】…… 하마나카 피콜로 #1(흰색) 9g, #20(검은색) 11g, #32(말차색) 5g
【기타】…… 단추[7mm] 3개, 똑딱단추[6mm] 4개, 리본(체크무늬)[5mm 폭] 6cm, 바느질실(흰색)·(말차색) 적당량

♪ 도구
코바늘 4호(2.5mm), 돗바늘, 손바느질용 바늘, 본드

♪ 완성 치수
【셔츠】…… 길이 4.5cm
【바지】…… 길이 11cm
【앞치마】…… 길이 8cm

♪ 뜨는 법
【셔츠】
1. '기본 아미무스〈원피스〉(P.26)'의 뜨개 도안대로 뜨는데, 아랫부분을 9단까지 떠서 길이를 짧게 완성한다.
2. 진동둘레에 실을 연결하여 '가을의 아미무스〈원피스〉소매(P.32)'의 뜨개 도안대로 뜬다.
3. 단추, 똑딱단추를 꿰매 달고 리본을 본드로 붙인다.

【바지】
1. '룸웨어를 입은 아미무스〈반바지〉(P.45)'의 도안을 따라 뜬다. 단, ⓑ를 31단까지 뜬다.

【앞치마】
1. 사슬뜨기로 39코를 만들어 뜨개 도안대로 뜬다.
2. 본체의 실을 정리한 뒤 실을 연결하여 둘레를 뜬다.
3. 똑딱단추를 꿰매 단다.

<셔츠·바지·앞치마>
완성

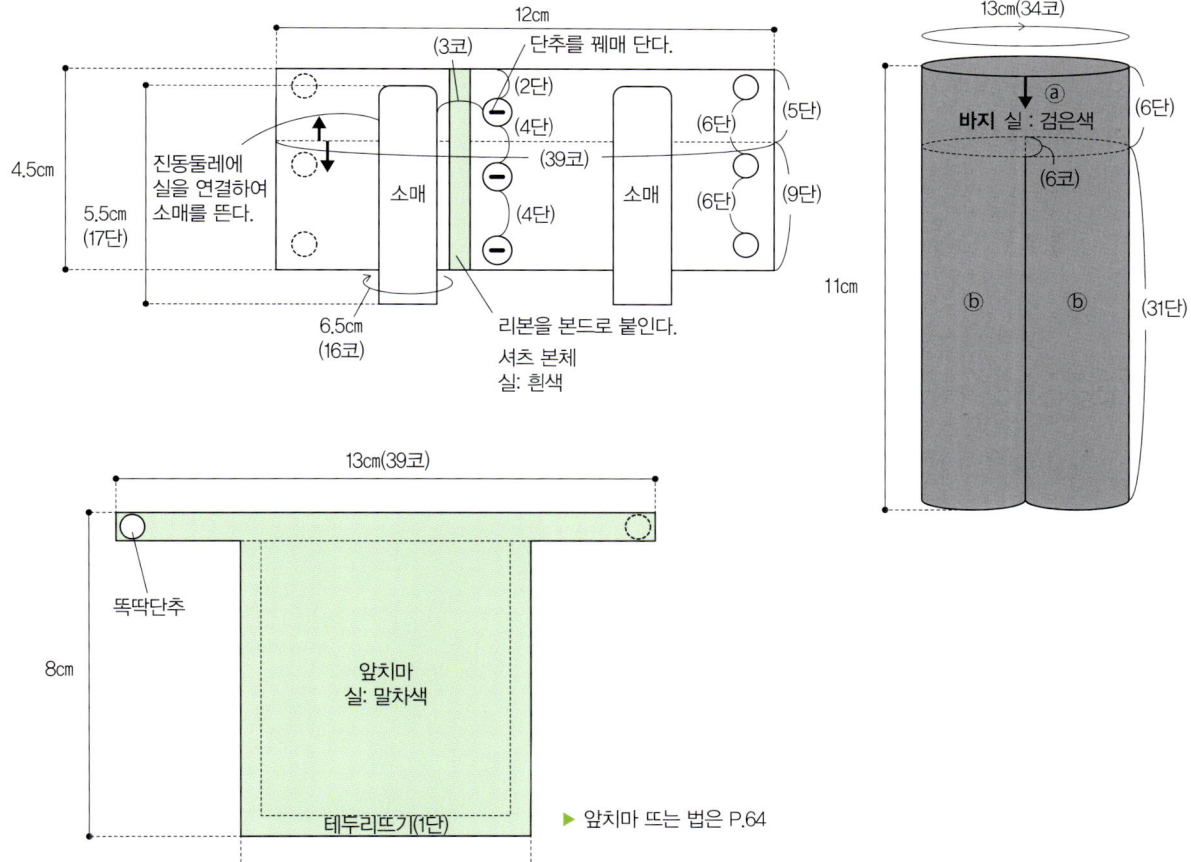

▶ 앞치마 뜨는 법은 P.64

파티시에 아미무스(P.63)
앞치마 실 : 말차색

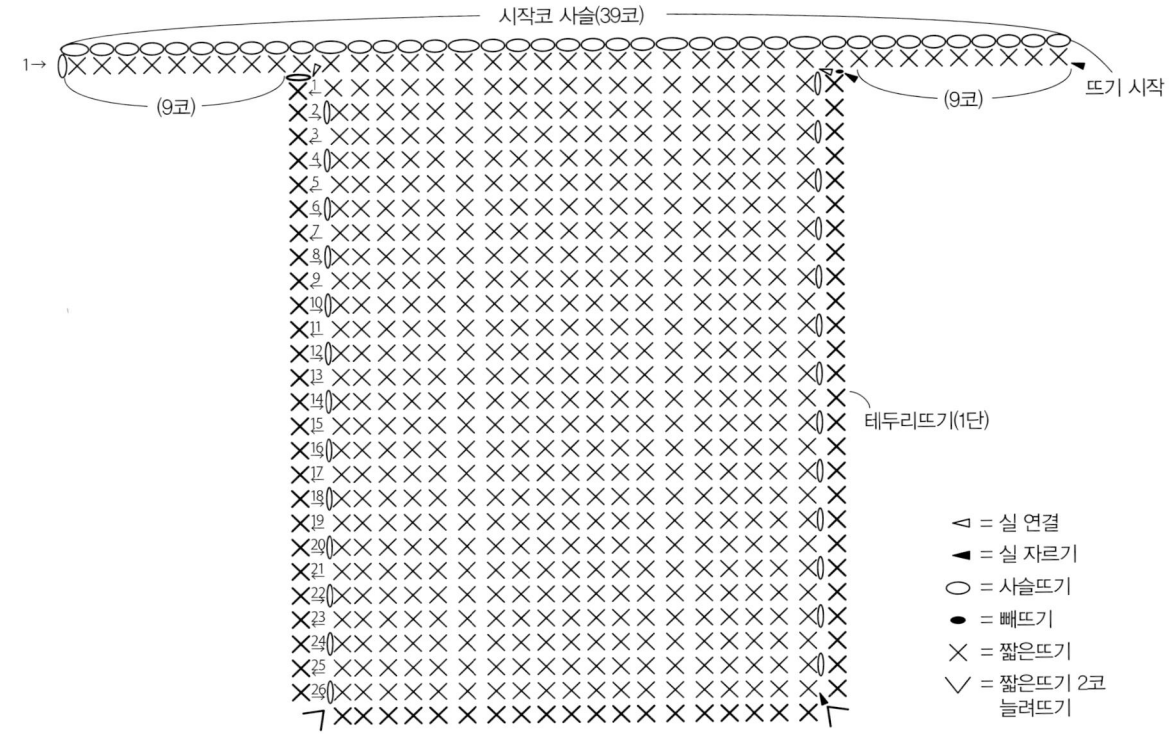

웨이트리스 아미무스(P.65)
앞치마 실 : 흰색

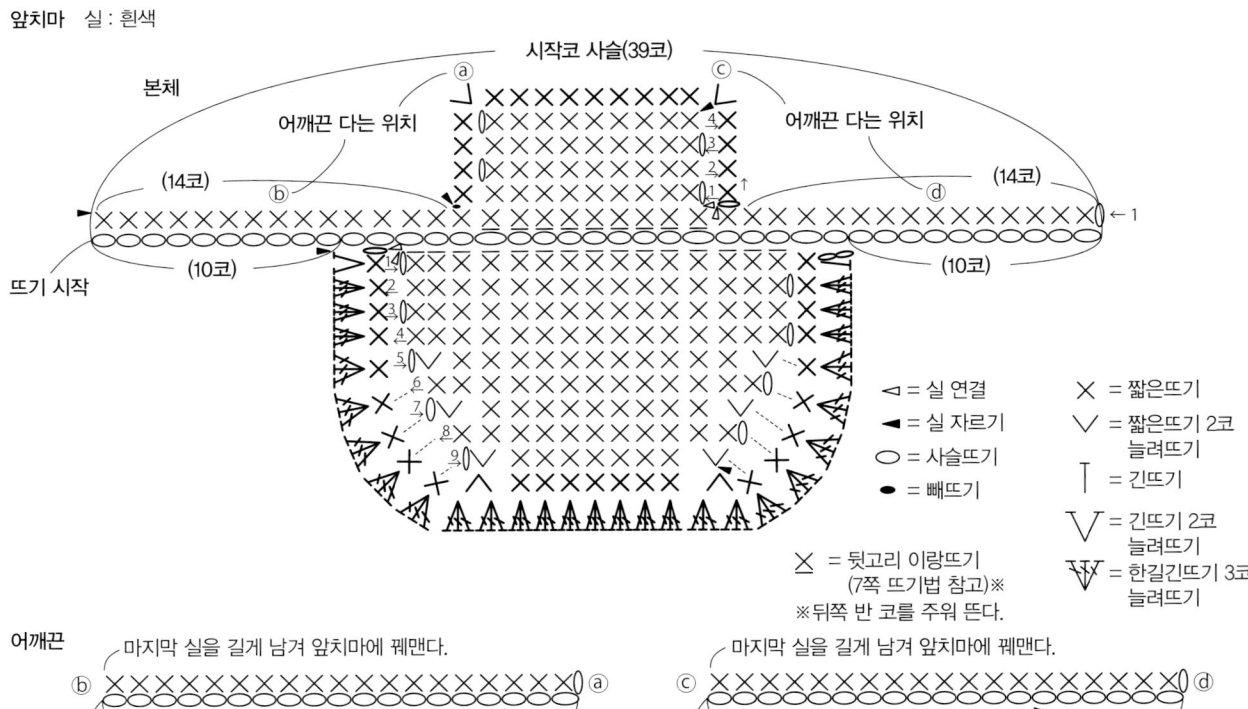

11 웨이트리스 아미무스 만들기

▶▶ Photo P.40

♪ 재료
【실】…… 하마나카 피콜로 #20(검은색) 15g, #1(흰색) 5g
【기타】…… 단추[7mm](흰색) 1개, 똑딱단추[6mm] 5개, 바느질실(검은색)·(흰색) 적당량

♪ 도구
코바늘 4호(2.5mm), 돗바늘, 손바느질용 바늘

♪ 완성 치수
【원피스】…… 길이 11cm
【앞치마】…… 길이 6.5cm

♪ 뜨는 법
【원피스】
1. '기본 아미무스 〈원피스〉(P.26)'의 뜨개 도안대로 뜬다.
2. 진동둘레에 실을 연결하여 '핼러윈 아미무스 〈원피스〉 소매(P.60)'의 뜨개 도안대로 뜬다.
3. 옷깃을 '파자마를 입은 아미무스 〈긴소매〉 옷깃(P.44)'의 뜨개 도안대로 뜬 뒤 원피스 본체에 꿰맨다.
4. 단추, 똑딱단추를 꿰맨다.

【앞치마】
1. 사슬뜨기로 39코를 만들어 뜨개 도안대로 뜬다.
2. 어깨끈을 뜬 뒤 각각 ⓐ~ⓓ의 위치에서 앞치마에 꿰맨다.
3. 똑딱단추를 꿰매 단다.

<원피스 · 앞치마>

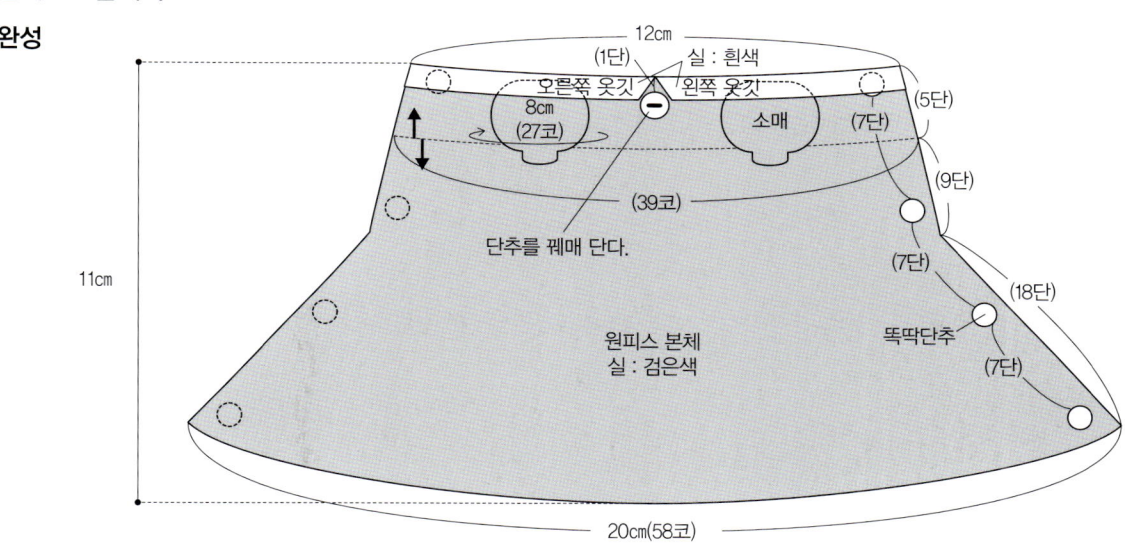

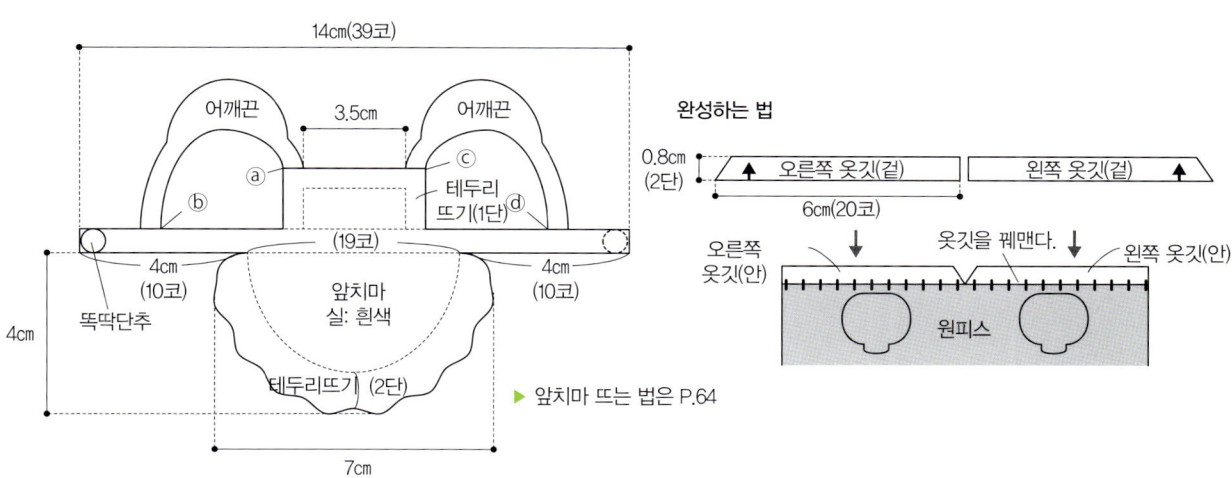

▶ 앞치마 뜨는 법은 P.64

18 세일러복을 입은 아미무스 만들기

▶▶ Photo P.47

♪ 재료
【실】…… 하마나카 피콜로 #36(남색) 14g, #1(흰색) 6g
【기타】…… 똑딱단추[6mm] 6개, 펠트(빨간색) 적당량, 바느질실
(빨간색)·(남색)·(흰색) 적당량

♪ 도구
코바늘 4호(2.5mm), 돗바늘, 손바느질용 바늘

♪ 완성 치수
길이 11cm

♪ 뜨는 법
【세일러복】
1 '기본 아미무스 〈원피스〉(P.26)'를 콧수 표의 배색에 따라 뜬다.
  윗부분을 1단 더 뜬다.
2 진동둘레에 실을 연결하여 '가을의 아미무스 〈원피스〉 소매(P.32)'
  의 본을 잘라 도안대로 8단까지 떠서 반소매로 완성한다.
3 똑딱단추를 꿰맨다.
4 본을 잘라 펠트로 리본을 만든다.
5 탈부착 옷깃을 뜬 뒤 똑딱단추를 꿰맨다.

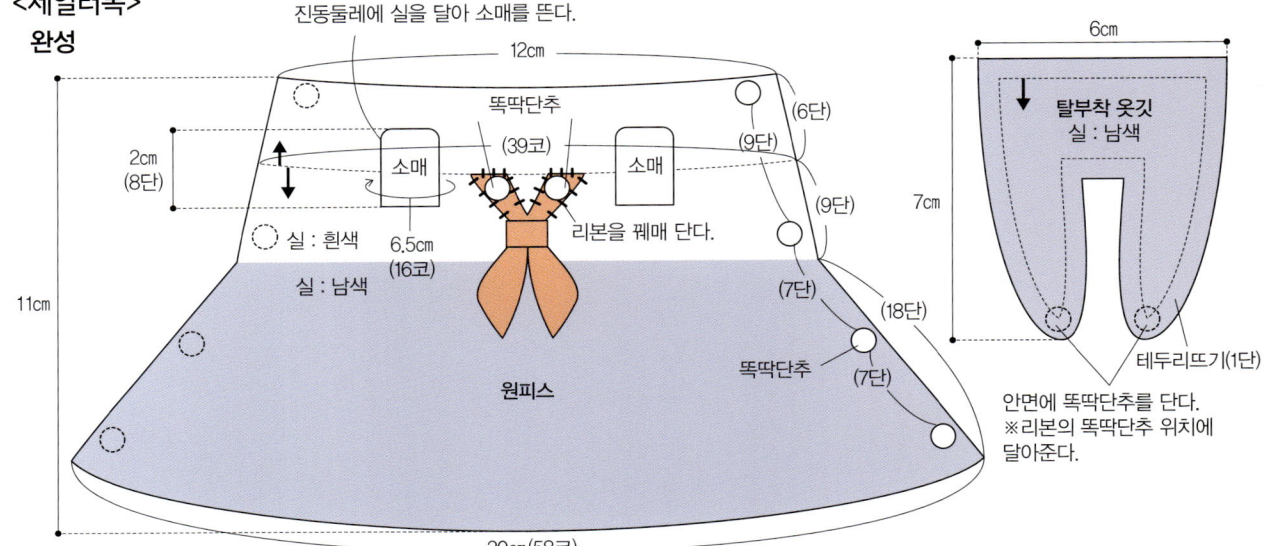

원피스의 콧수 표

단수	콧수	색
28~33	39코	흰색
11~27	58코	남색
10	58코(+19코)	남색
1~9	39코	흰색

탈부착 옷깃
실 : 남색

◁ = 실 연결
◀ = 실 자르기
○ = 사슬뜨기
● = 빼뜨기
× = 짧은뜨기
∨ = 짧은뜨기 2코 늘려뜨기
∧ = 짧은뜨기 2코 모아뜨기

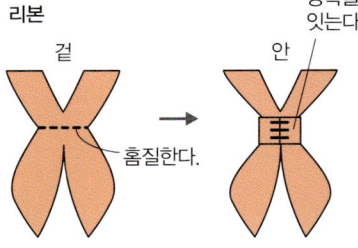

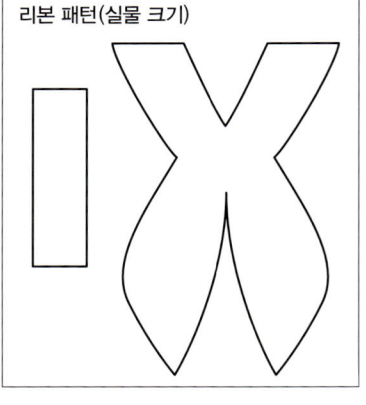

12 꽃집 주인 아미무스 만들기

▶▶ Photo P.41

♪ 재료
【실】…… 하마나카 피콜로 #9(황록색) 5g, #1(흰색) 5g, #32(말차색) 5g, #38(베이지색) 11g
【기타】…… 똑딱단추[6mm] 4개, 펠트(오렌지색)·(노란색) 적당량, 자수 실(오렌지색)·(노란색) 적당량, 바느질실(흰색) 적당량

♪ 도구
코바늘 4호(2.5mm), 돗바늘, 자수바늘, 손바느질용 바늘

♪ 완성 치수
【앞치마】…… 길이 8.5cm
【셔츠】…… 길이 5cm
【바지】…… 길이 11cm

♪ 뜨는 법
【앞치마】
1 사슬뜨기로 39코를 만들어 뜨개 도안대로 뜬다.
2 실을 정리한 뒤 실을 연결하여 둘레를 뜬다.
3 펠트를 본대로 잘라 꽃을 만든 뒤 앞치마에 꿰맨다.
4 똑딱단추를 꿰매 단다.
5 어깨끈을 뜬 뒤 본체에 꿰매 단다.

【셔츠】
1 기본 아미무스 〈원피스〉(P.26)의 도안을 2단씩 배색하여 윗부분 6단, 아랫부분은 10단까지 떠서 길이를 짧게 완성한다.
2 진동둘레에 실을 연결하여 가을의 아미무스 〈원피스〉 소매(P.32)'의 도안을 2단씩 배색하여 18단까지 뜬다.
3 똑딱단추를 꿰맨다.

【바지】
1 '룸웨어를 입은 아미무스'의 바지 도안을 따라 뜬다. 단, ⓑ 부분의 단을 31단까지 길게 뜬다.

<셔츠·바지·앞치마>
완성

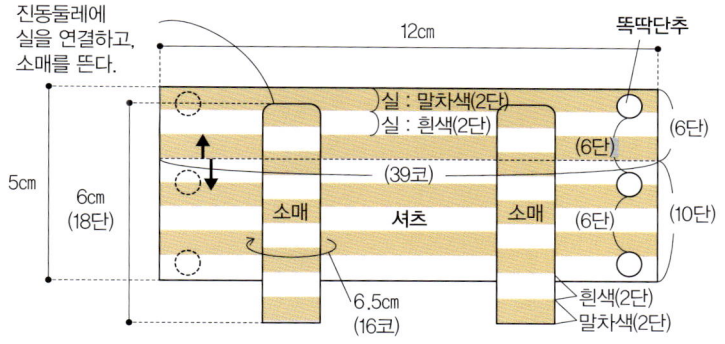

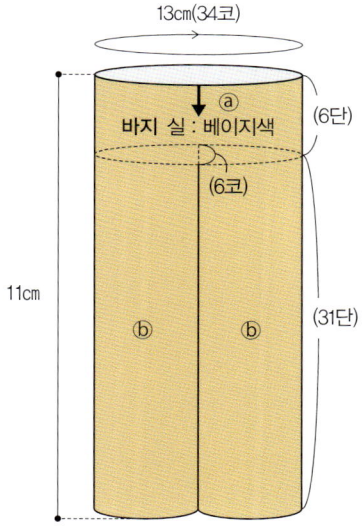

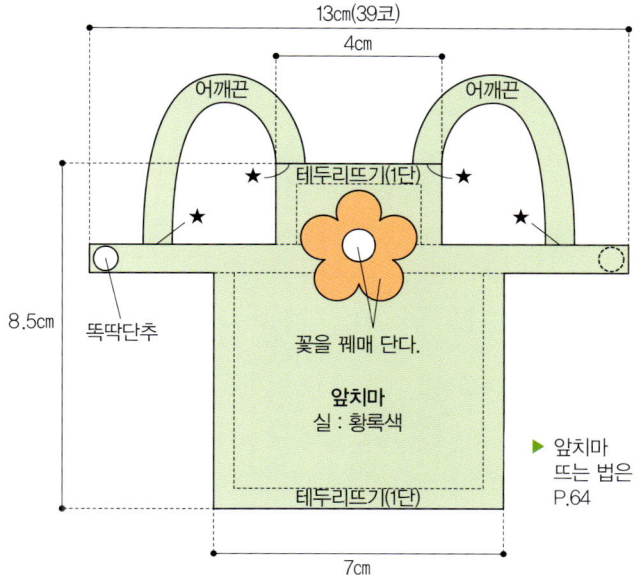

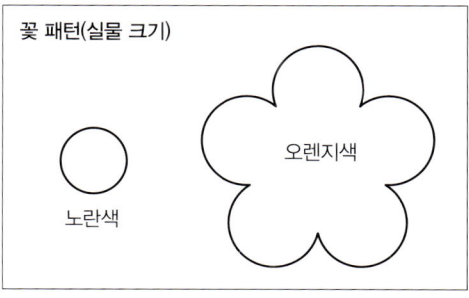

꽃집 주인 아미무스(P.67)
앞치마   실 : 황록색

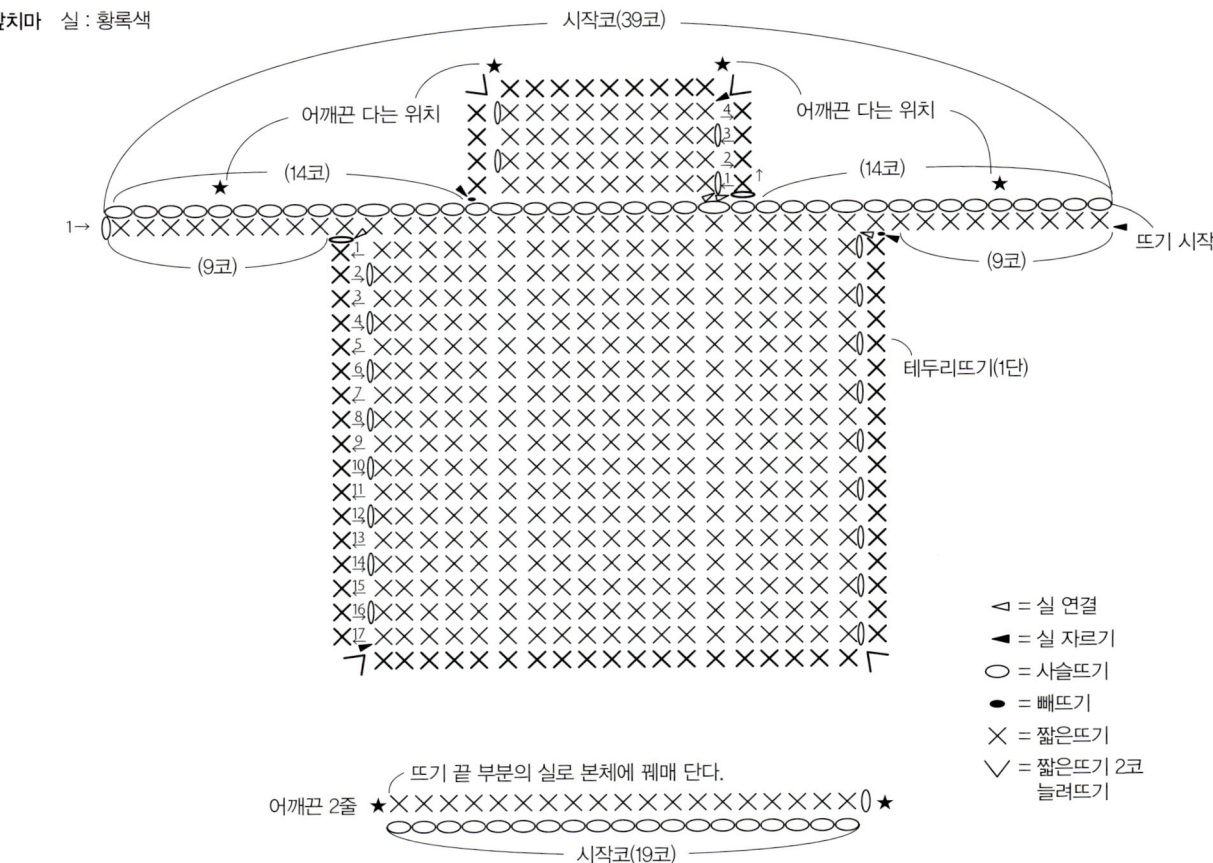

17 유치원복을 입은 아미무스 만들기
▶▶ Photo P.46

♫ **재료**
【실】…… 하마나카 피콜로 #12(물색) 12g, #1(흰색) 1g, #4(핑크색) 3g
【기타】…… 똑딱단추[6mm] 3개, 바느질실(물색)·(흰색) 적당량

♫ **도구**
코바늘 4호(2.5mm), 돗바늘, 손바느질용 바늘

♫ **완성 치수**
【유치원복 상의】…… 길이 6.5cm
【반바지】…… 길이 3cm

♫ **뜨는 법**
【유치원복 상의】
1 뜨개 도안대로 뜬다.
2 옷깃을 '파자마를 입은 아미무스 〈긴소매〉 옷깃(P.44)'의 뜨개 도안대로 뜬 뒤 본체에 꿰매 단다.
3 진동둘레에 실을 연결하여 '가을의 아미무스 〈원피스〉 소매(P.32)'의 뜨개 도안대로 뜬다.
4 똑딱단추를 꿰맨다.

【반바지】
1 '룸웨어를 입은 아미무스 〈반바지〉(P.45)'를 뜬다.

※ 아미무스 '아미(양 갈래 묶기)'는 다리를 '하마나카 피콜로 #1(흰색)'으로 뜬다. 뜨는 법은 '기본 아미무스(P.14~25)' 참고.

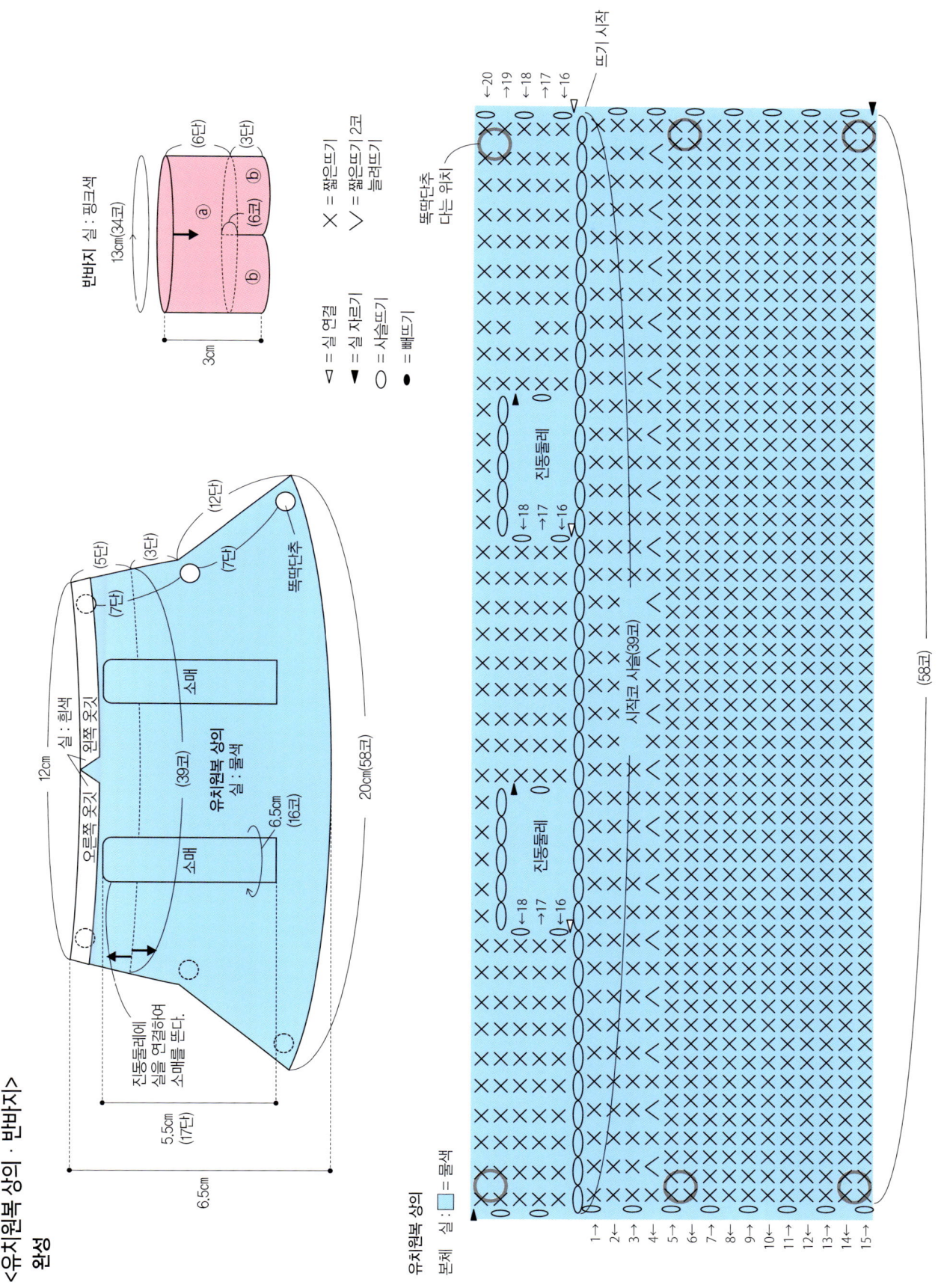

02 봄의 아미무스 만들기

▶▶ Photo P.28

🎵 **재료**

【실】…… 하마나카 피콜로 #47(핑크색) 6g
【기타】…… 똑딱단추[6mm] 2개, 토션 레이스[1cm 폭] 90cm, 똑딱핀 1개, 바느질실(핑크색) 적당량

🎵 **도구**

코바늘 4호(2.5mm), 돗바늘, 손바느질용 바늘

🎵 **완성 치수**

【신발】…… 둘레 7cm×높이 1.5cm
【머리 장식】…… 가로 8.5cm×세로 4.5cm

🎵 **뜨는 법**

【신발】
1. 신발 본체를 '유치원복을 입은 아미무스 〈신발〉(P.81)'과 똑같이 뜬다.
2. 끈을 '웨이트리스 아미무스 〈신발〉 끈(P.79)'과 똑같이 뜬다. 신발 본체에 끈을 꿰맨 단 뒤 똑딱단추를 꿰매 단다.
3. 다른 한쪽도 똑같이 만든다.

【머리 장식】
1. 사슬뜨기로 8코를 만들어 ⓐ를 뜨개 도안대로 뜬다.
2. 사슬뜨기로 8코를 만들어 ⓑ를 뜨개 도안대로 뜬다.
3. ⓑ를 ⓐ 중심에 감고 안쪽에서 ⓑ의 끝을 꿰매 잇는다.
4. 똑딱핀을 꿰매 단다.

<신발 · 머리 장식>
완성

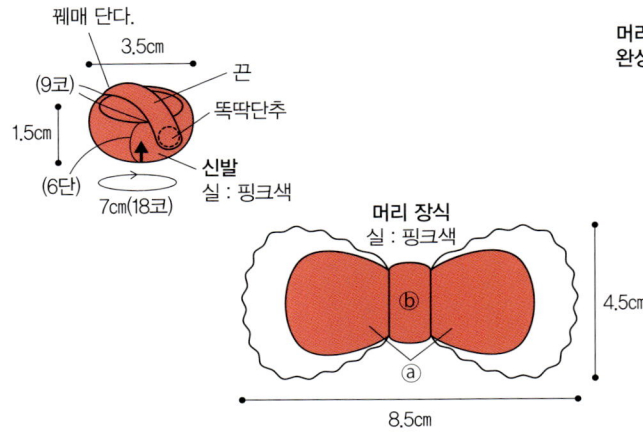

머리 장식   실 : 핑크색

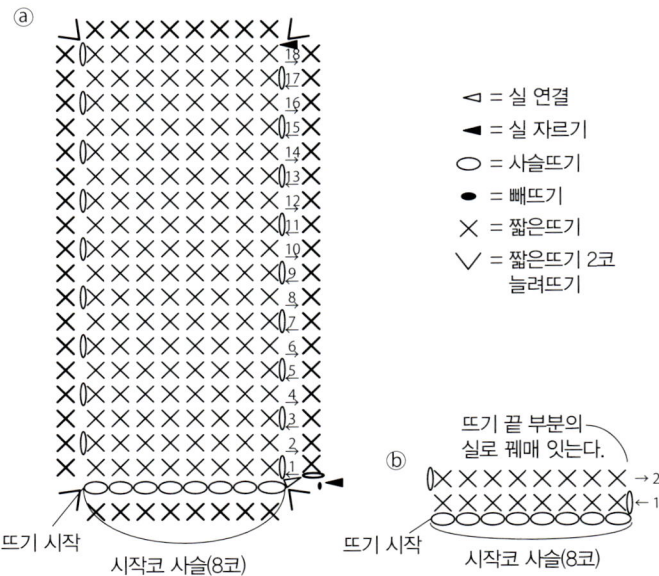

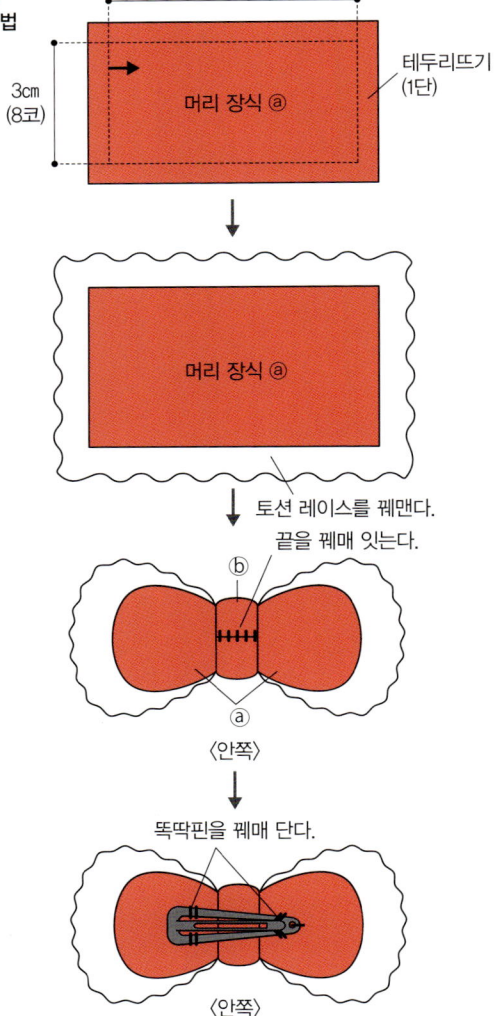

04 가을의 아미무스 만들기

▶▶ Photo P.30

🎵 **재료**

【실】…… 하마나카 피콜로 #35(카키색) 10g, #20(검은색) 3g

🎵 **도구**

코바늘 4호(2.5mm), 돗바늘

🎵 **완성 치수**

【부츠】…… 둘레 7cm×높이 4cm
【베레모】…… 머리둘레 24cm×높이 6.5cm

🎵 **뜨는 법**

【부츠】
1 뜨개 도안대로 뜬다.
2 다른 한쪽도 똑같이 뜬다.

【베레모】
1 뜨개 도안대로 뜬다.
2 장식을 반으로 접어 모자 꼭대기에 꿰매 단다.

베레모의 콧수 표

단수	콧수	단수	콧수
6	48코(+8코)	23	55코
5	40코(+8코)	22	55코
4	32코(+8코)	21	55코(−11코)
3	24코(+8코)	20	66코(−11코)
2	16코(+8코)	19	77코(−11코)
1	8코	12〜18	88코
		11	88코(+8코)
		10	80코(+8코)
		9	72코(+8코)
		8	64코(+8코)
		7	56코(+8코)

<부츠 · 베레모>

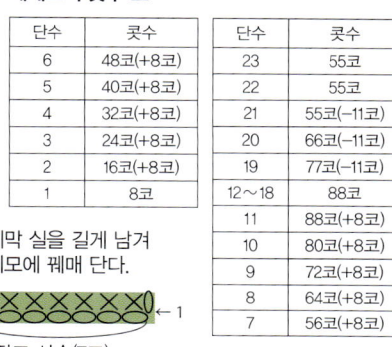

부츠의 콧수 표

단수	콧수
8〜13	16코
7	16코
6	16코(−2코)
5	18코
4	18코
3	18코
2	18코(+9코)
1	9코

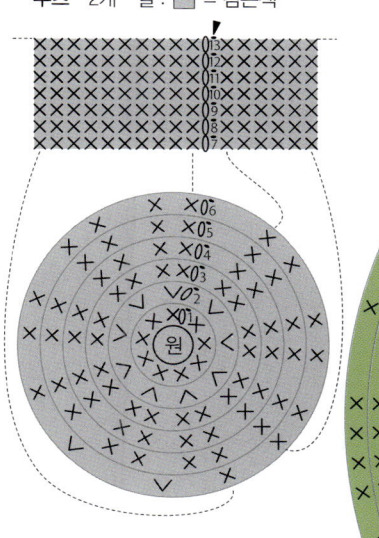

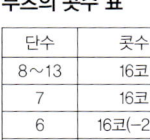

◁ = 실 연결
◀ = 실 자르기
○ = 사슬뜨기
● = 빼뜨기
✕ = 짧은뜨기
∨ = 짧은뜨기 2코 늘려뜨기
∧ = 짧은뜨기 2코 늘려뜨기

03 여름의 아미무스 만들기

▶▶ Photo P.29

♪ 재료
【실】…… 하마나카 피콜로 #23(파란색) 1g, 하마나카 에코안다리아 #42(황토색) 24g
【기타】…… 고무테이프[3.5mm 폭] 10cm, 바느질실(흰색) 적당량

♪ 도구
코바늘 4호(2.5mm)·5호(3.0mm), 돗바늘, 손바느질용 바늘

♪ 완성 치수
【샌들】…… 둘레 7.5cm×높이 1cm
【바스켓 백】…… 가로 6cm×세로 6cm
【밀짚모자】…… 머리둘레 25cm×높이 3cm

♪ 뜨는 법
【샌들】
1 실 고리로 원형코를 만들어 ⓐ를 만든다.
2 ⓑ를 ⓐ에 휘감치기로 단다.
3 다른 한쪽도 똑같이 만든다.

【바스켓 백】
1 실 고리로 원형코를 만들어 가방 본체를 만든다. 사슬뜨기로 코를 만들어 손잡이를 뜬다.
2 사슬뜨기로 10코를 만들어 뜨개 도안대로 ⓑ를 뜬다.
3 손잡이를 가방 본체에 감침질로 연결한다.

【밀짚모자】
1 실 고리로 원형코를 만들어 뜨개 도안대로 뜬다.
2 고무테이프를 꿰매 단다.

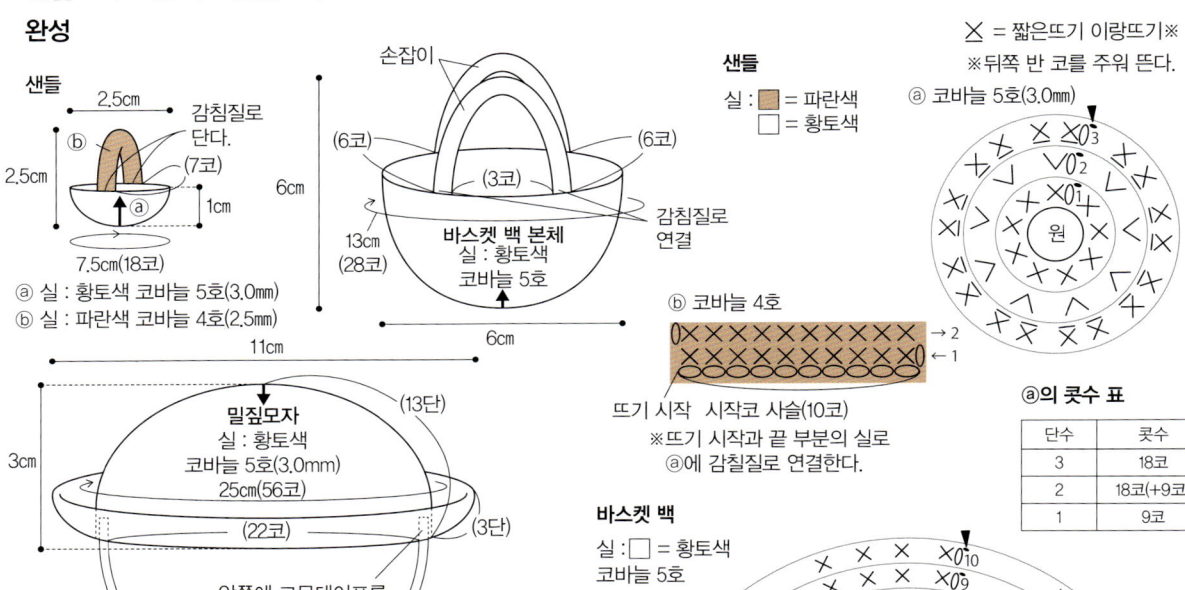

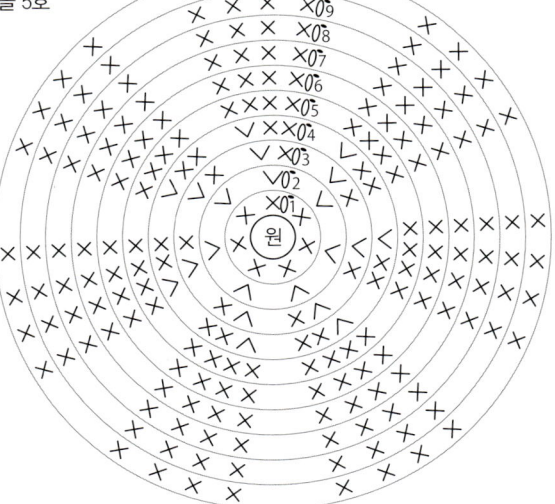

바스켓 백의 콧수 표

단수	콧수
5	28코
4	28코(+7코)
3	21코(+7코)
2	14코(+7코)
1	7코

단수	콧수
10	28코
9	28코
8	28코
7	28코
6	28코

ⓐ의 콧수 표

단수	콧수
3	18코
2	18코(+9코)
1	9코

◀ = 실 자르기
○ = 사슬뜨기
● = 빼뜨기
× = 짧은뜨기
∨ = 짧은뜨기 2코 늘려뜨기

밀짚모자

실 : ☐ = 황토색   코바늘 5호(3.0mm)

- ◁ = 실 연결
- ◀ = 실 자르기
- ○ = 사슬뜨기
- ● = 빼뜨기
- X = 짧은뜨기
- V = 짧은뜨기 2코 늘려뜨기
- ∧ = 짧은뜨기 2코 모아뜨기

X = 짧은뜨기 이랑뜨기
※앞쪽 반 코를 주워 뜬다.

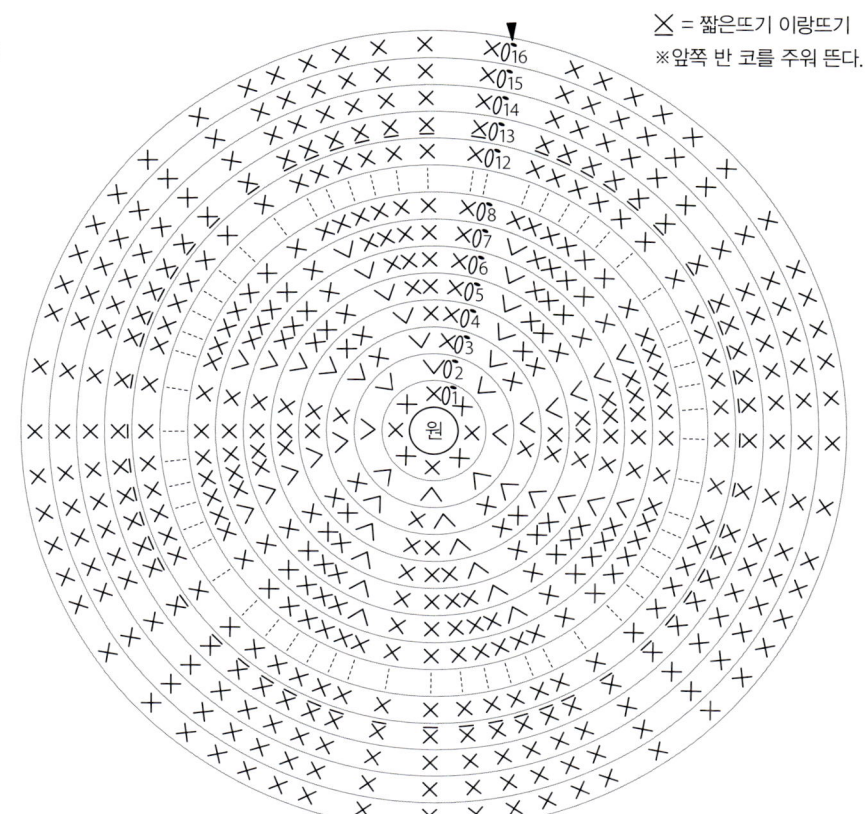

밀짚모자의 콧수 표

단수	콧수
16	56코
15	56코
14	56코
13	56코
8~12	56코
7	56코(+8코)
6	48코(+8코)
5	40코(+8코)
4	32코(+8코)
3	24코(+8코)
2	16코(+8코)
1	8코

20 룸웨어를 입은 아미무스 만들기

▶▶ Photo P.43

♬ 재료
【실】…… 하마나카 피콜로 #12(물색) 2g
【기타】…… 머리끈 고무줄(갈색) 20cm

♬ 도구
코바늘 4호(2.5mm), 돗바늘

♬ 완성 치수
【머리끈】…… 방울 지름 1.5cm

♬ 뜨는 법
【머리끈】
1 실 고리로 코를 만들어 도안대로 뜬 뒤 마지막을 오므려 방울을 1개 만든다. 머리끈 고무줄을 10cm로 잘라 방울에 통과시킨다. 2번째 방울은 고무줄을 통과시키고 방울 안에 고무줄 매듭을 넣은 뒤 조여준다.
2 다른 1개도 똑같이 만든다.

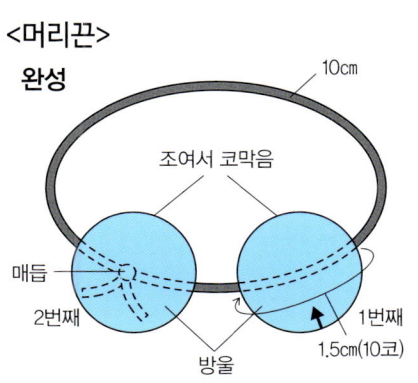

<머리끈>

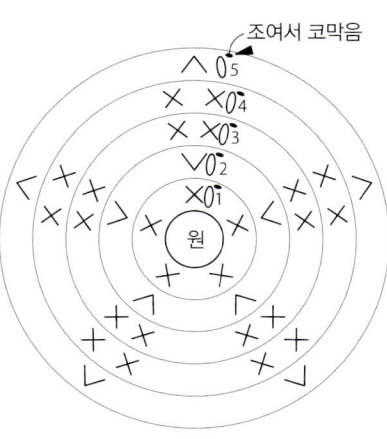

- ◀ = 실 자르기
- ○ = 사슬뜨기
- ● = 빼뜨기
- X = 짧은뜨기
- V = 짧은뜨기 2코 늘려뜨기
- ∧ = 짧은뜨기 2코 모아뜨기

방울의 콧수 표

단수	콧수
5	5코(-5코)
4	10코
3	10코
2	10코(+5코)
1	5코

05 겨울의 아미무스 만들기

▶▶ Photo P.31

🎵 재료
【실】…… 하마나카 피콜로 #2(에크뤼색) 18g
【기타】…… 고무테이프[3.5mm 폭] 10cm, 바느질실(흰색) 적당량

🎵 도구
코바늘 4호(2.5mm), 돗바늘, 손바느질용 바늘, 하마나카 구루쿠루 폼폼 메이커

🎵 완성 치수
【부츠】…… 둘레 7cm×높이 4cm
【방울 모자】…… 머리둘레 21cm×높이 7.5cm
【머플러】…… 폭 2cm×길이 33cm(프린지 포함)

🎵 뜨는 법
【부츠】
1 '가을의 아미무스 〈부츠〉(P.71)'와 똑같이 뜬다.

【방울 모자】
1 '유치원복을 입은 아미무스 〈모자〉(P.82)'의 뜨개 도안대로 7단 뜨고 8단에서 8코를 더 늘려 뜬다. 9단부터는 증감 없이 짧은 뜨기를 12단 뜬다.
2 구루쿠루 폼폼 메이커로 지름 3.5cm의 방울을 만든 뒤 방울 모자 본체에 꿰매 단다.
3 고무테이프를 꿰매 단다.

【머플러】
1 사슬뜨기로 6코를 만들어 짧은뜨기를 84단 뜬다. 양 끝에 프린지(술장식)를 단다.

<방울 모자·머플러>
완성

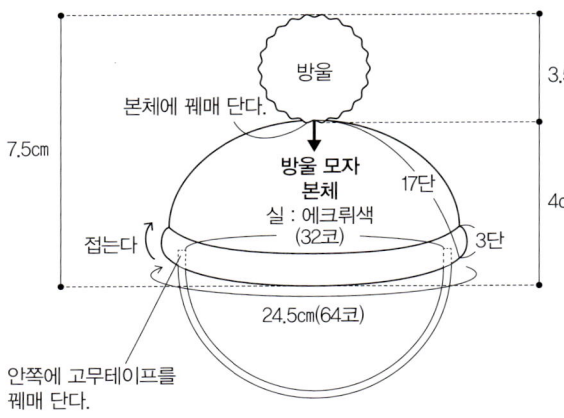

방울 모자의 콧수 표

단수	콧수	단수	콧수
5	40코(+8코)	9~20	64코
4	32코(+8코)	8	64코(+8코)
3	24코(+8코)	7	56코(+8코)
2	16코(+8코)	6	48코(+8코)
1	8코		

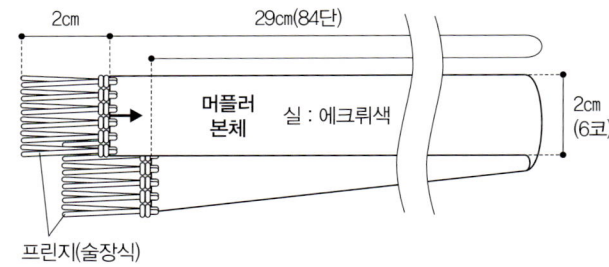

머플러   실 : 에크뤼색

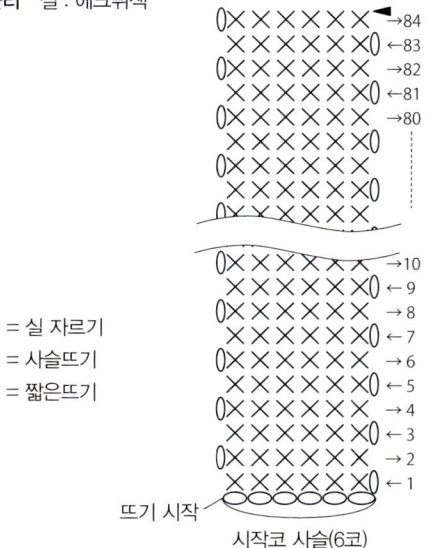

◀ = 실 자르기
○ = 사슬뜨기
✕ = 짧은뜨기

프린지 만드는 법 실 : 에크뤼색

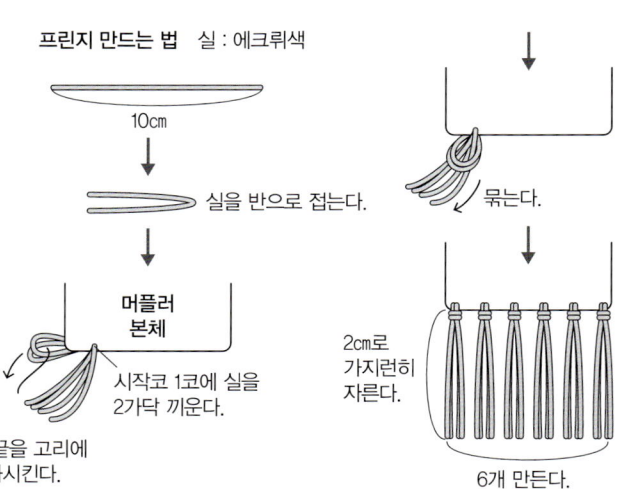

06 크리스마스 아미무스 만들기

▶▶ Photo P.34

♪ 재료
【실】…… 하마나카 피콜로 #6(빨간색) 14g, #17(갈색) 3g, 하마나카 소노모노 루프 #51(흰색) 3g
【기타】…… 고무테이프[3.5mm 폭] 10cm, 바느질실(흰색) 적당량

♪ 도구
코바늘 4호(2.5mm)·5호(3.0mm), 돗바늘, 손바느질용 바늘, 하마나카 구루쿠루 폼폼 메이커

♪ 완성 치수
【부츠】…… 둘레 7cm×높이 4cm
【삼각 모자】…… 머리둘레 28cm×높이 6.5cm

♪ 뜨는 법
【부츠】
1 갈색 실로 '가을의 아미무스〈부츠〉(P.71)'와 똑같이 뜬다.

【삼각 모자】
1 실 고리로 원형코를 만들어 뜨개 도안대로 뜬다.
2 본체의 실을 정리한 뒤 루프실로 바꾸어 짧은뜨기를 1단 뜬다.
3 구루쿠루 폼폼 메이커로 지름 3.5cm의 방울을 만든 뒤 삼각 모자 끝에 꿰매 단다.
4 고무테이프를 꿰매 단다.

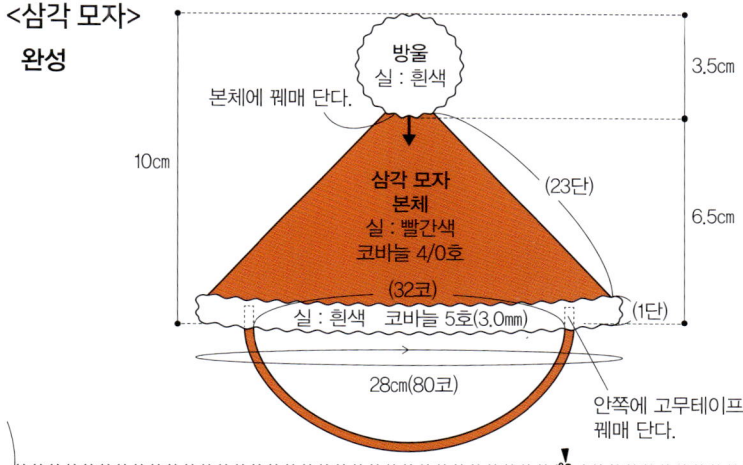

삼각 모자의 콧수 표

단수	콧수	단수	콧수
10	40코	24	80코
9	40코	20~23	80코
8	40코(+8코)	19	80코(+8코)
7	32코(+8코)	18	72코
6	24코	17	72코
5	24코	16	72코(+8코)
4	24코(+8코)	15	64코(+8코)
3	16코(+8코)	14	56코
2	8코	13	56코
1	8코	12	56코(+8코)
		11	48코(+8코)

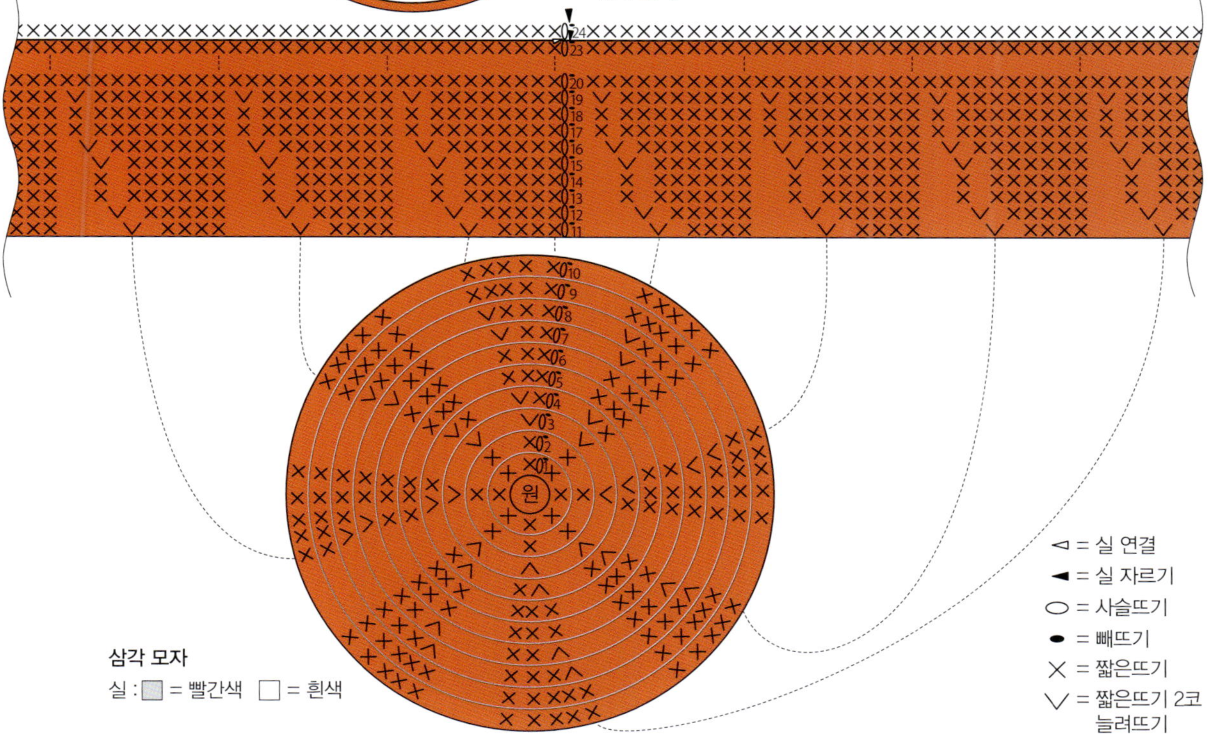

삼각 모자
실: ■ = 빨간색   □ = 흰색

◁ = 실 연결
◀ = 실 자르기
○ = 사슬뜨기
● = 빼뜨기
✕ = 짧은뜨기
V = 짧은뜨기 2코 늘려뜨기

07 핼러윈 아미무스 만들기

▶▶ Photo P.35

♪ 재료
【실】…… 하마나카 피콜로 #35(카키색) 3g, #20(검은색) 10g
【기타】…… 고무테이프(3.5mm 폭) 10cm, 바느질실(검은색) 적당량

♪ 도구
코바늘 4호(2.5mm), 돗바늘, 손바느질용 바늘

♪ 완성 치수
【부츠】…… 둘레 7cm×높이 4cm
【삼각 모자】…… 머리둘레 24cm×높이 8cm

♪ 뜨는 법
【부츠】
1 카키색 실로 '가을의 아미무스 〈부츠〉(P.71)'와 똑같이 뜬다.

【삼각 모자】
1 실 고리로 코를 만들어 '크리스마스 아미무스 〈삼각 모자〉(P.75)'의 뜨개 도안대로 24단까지 뜨고 25단 이후에는 아래의 도안대로 모자의 챙 부분을 뜬다.
2 고무테이프를 꿰매 단다.

삼각 모자의 콧수 표

단수	콧수	단수	콧수
12	56코(+8코)	27~29	120코
11	48코(+8코)	26	120코(+40코)
10	40코	25	80코
9	40코	24	80코
8	40코(+8코)	20~23	80코
7	32코(+8코)	19	80코(+8코)
6	24코	18	72코
5	24코	17	72코
4	24코(+8코)	16	72코(+8코)
3	16코(+8코)	15	64코(+8코)
2	8코	14	56코
1	8코	13	56코

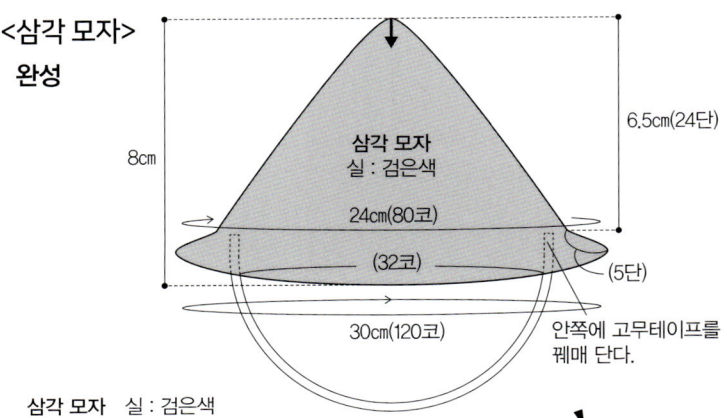

24단까지는 '크리스마스 아미무스 〈삼각 모자〉(P.75)' 참고.

◁ = 실 자르기   ○ = 사슬뜨기   ✕ = 짧은뜨기   ✕ = 앞고리 아랑뜨기(7쪽 뜨기법 참고)※
● = 빼뜨기   ∨ = 짧은뜨기 2코 늘려뜨기   ※앞쪽 반 코를 주워 뜬다.

12 꽃집 주인 아미무스

▶▶ Photo P.41

♪ 재료
【실】…… 하마나카 피콜로 #29(갈색) 1g, #7(오렌지색) 1g
【기타】…… 머리끈 고무줄(갈색) 10cm

♪ 도구
코바늘 4호(2.5mm), 돗바늘

♪ 완성 치수
【신발】…… 둘레 7cm×높이 1.5cm
【머리끈】…… 방울 지름 1.5cm

♪ 뜨는 법
【신발】
1 갈색 실로 '유치원복을 입은 아미무스 〈신발〉(P.82)'과 똑같이 뜬다.

【머리끈】
1 오렌지색 실로 '룸웨어를 입은 아미무스 〈머리끈〉(P.73)'과 똑같이 뜬다.

08 공주 아미무스 만들기

▶▶ Photo P.36

♪ 재료
【실】…… 하마나카 피콜로 #22(쇼킹핑크색) 2g
【기타】…… 진주 비즈[3mm] 16개, 펠트(핑크색) 적당량, 토션 레이스[1cm 폭] 15cm, 리본[3mm 폭] 40cm, 바느질실(핑크색) 적당량

♪ 도구
코바늘 4호(2.5mm), 돗바늘, 손바느질용 바늘, 본드

♪ 완성 치수
【신발】…… 둘레 7cm×높이 1.5cm
【왕관】…… 머리둘레 15cm×높이 2.5cm

♪ 뜨는 법
【신발】
1 신발은 '유치원복을 입은 아미무스 〈신발〉 (P.82)'과 똑같이 뜬다.
2 진주 비즈를 꿰매 단다.

【왕관】
1 패턴대로 펠트를 2장 자른다.
2 진주 비즈를 꿰맨다.
3 펠트 2장을 겹쳐 본드로 붙인다.
4 가장자리끼리 원형으로 꿰매 잇는다.
5 리본을 꿰매 단다.

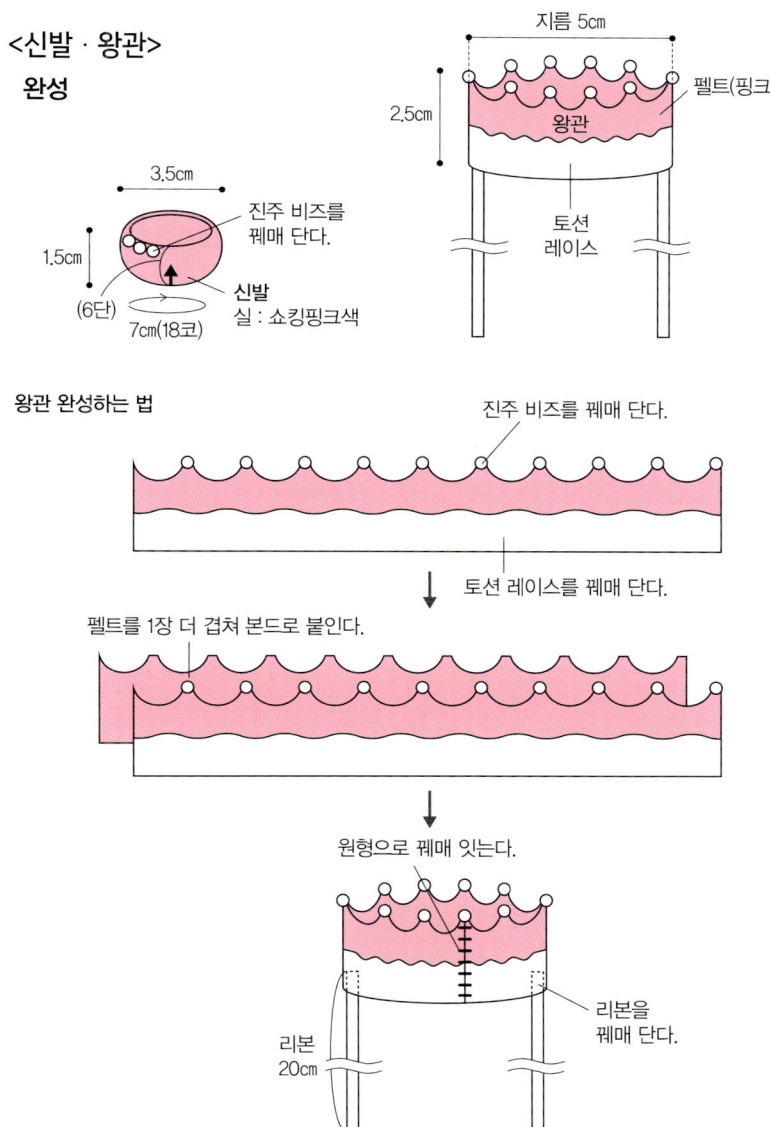

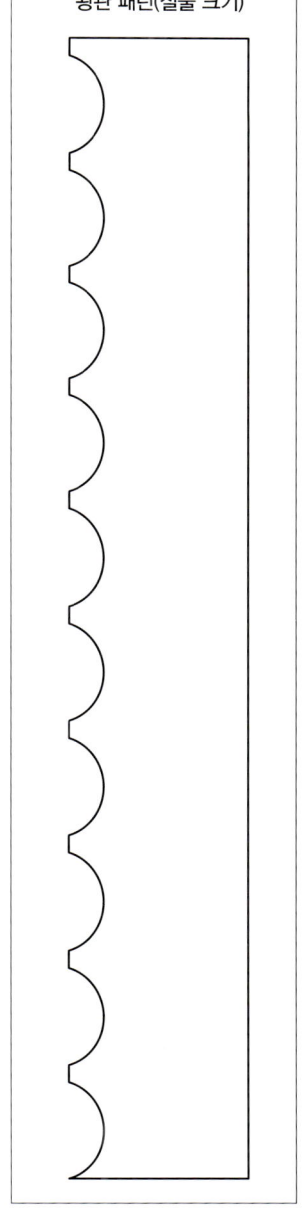

왕관 패턴(실물 크기)

09-10 동물 의상을 입은 아미무스 만들기

▶▶ Photo P.37

♪ 재료
09 【실】…… 하마나카 소노모노 루프 #51(흰색) 48g
　　【기타】…… 고무테이프[3.5mm 폭] 9cm, 바느질실(흰색) 적당량
10 【실】…… 하마나카 소노모노 루프 #53(갈색) 44g
　　【기타】…… 고무테이프[3.5mm 폭] 9cm, 바느질실(갈색) 적당량

♪ 도구
코바늘 5호(3.0mm), 돗바늘, 손바느질용 바늘

♪ 완성 치수
【부츠】…… 둘레 10cm × 높이 5cm
【귀 달린 모자】…… 머리둘레 30cm × 높이 4cm

♪ 뜨는 법
【부츠】
1　실 고리로 원형코를 만들어 뜨개 도안대로 뜬다.

【귀 달린 모자】
1　모자 본체와 귀를 실 고리로 원형코를 만들어 뜨개 도안대로 뜬다.
2　모자 본체에 귀를 꿰매 단다.
3　고무테이프를 꿰매 단다.

▶귀 뜨는 법은 P.79

<부츠 · 귀 달린 모자>
완성

※사이즈 공통.
※실 : 09흰색　10 갈색

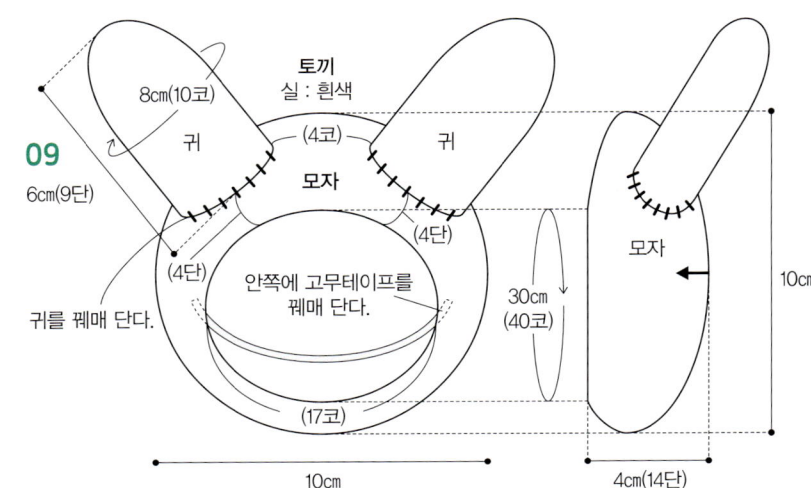

귀 달린 모자
실 : 09 흰색　10 갈색

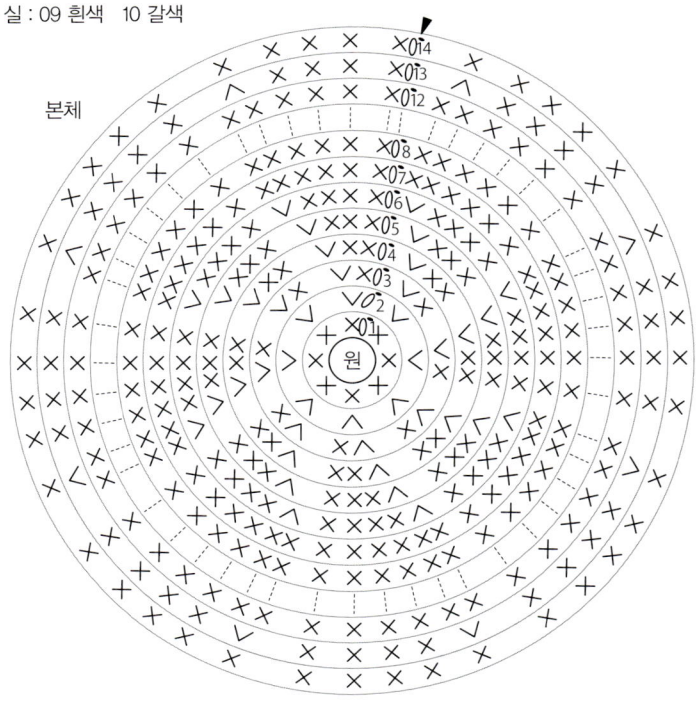

◀ = 실 자르기
◯ = 사슬뜨기
● = 빼뜨기
× = 짧은뜨기
∨ = 짧은뜨기 2코 늘려뜨기
∧ = 짧은뜨기 2코 모아뜨기

모자의 콧수 표

단수	콧수
14	40코
13	40코(-8코)
9~12	48코
8	48코
7	48코
6	48코(+8코)
5	40코(+8코)
4	32코(+8코)
3	24코(+8코)
2	16코(+8코)
1	8코

11 웨이트리스 아미무스 만들기

▶▶ Photo P.40

♪ 재료
【실】…… 하마나카 피콜로 #20(검은색) 2g, #1(흰색) 5g
【기타】…… 똑딱단추[6mm] 2개, 고무테이프[3.5mm 폭] 15cm, 바느질실(검은색)·(흰색) 적당량

♪ 도구
코바늘 4호(2.5mm), 돗바늘, 손바느질용 바늘

♪ 완성 치수
【신발】…… 둘레 7cm×높이 1.5cm
【헤드드레스】…… 머리둘레 12cm×높이 2cm

♪ 뜨는 법
【신발】
1 신발 본체를 '유치원복을 입은 아미무스 〈신발〉(P.81)'과 똑같이 뜬다.
2 끈을 뜬다. 신발 본체에 끈을 꿰매 단 뒤 반대편에 똑딱단추를 꿰매 단다.

【헤드드레스】
1 사슬뜨기로 19코를 만들어 뜨개 도안대로 뜬다.
2 고무테이프를 꿰매 단다.

<신발·헤드드레스>
완성

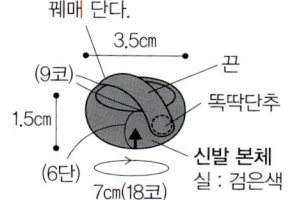

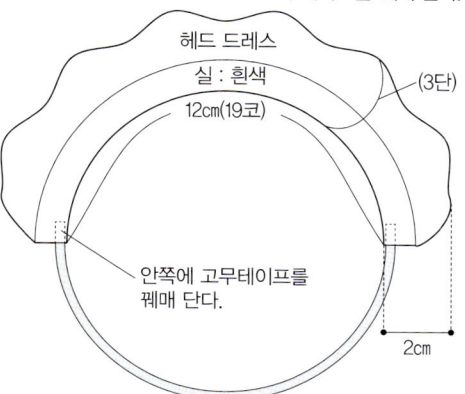

◀ = 실 자르기   ● = 빼뜨기
○ = 사슬뜨기   × = 짧은뜨기
∨ = 짧은뜨기 2코 늘려뜨기
∧ = 짧은뜨기 2코 모아뜨기
× = 짧은뜨기 줄기뜨기※
V = 긴뜨기 줄기뜨기 2코 늘려뜨기※
V = 한길긴뜨기 줄기뜨기 2코 늘려뜨기※
※앞쪽 반 코를 주워 뜬다.

신발 2개 실: ■ = 검은색   끈
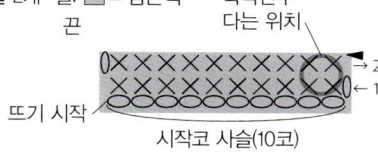

헤드드레스 실: □ = 흰색

동물 의상을 입은 아미무스(P.78)

귀 달린 모자
실 : 09 흰색   10 갈색

귀 2장

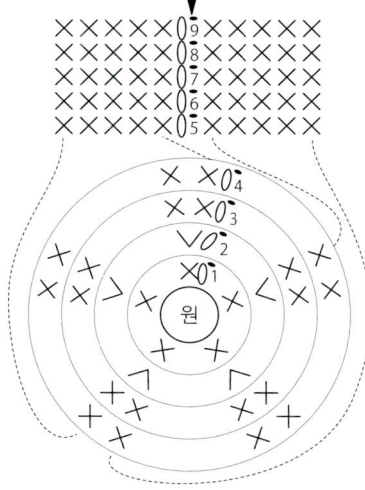

부츠의 콧수 표

단수	콧수
7~9	14코
6	14코(-2코)
3~5	16코
2	16코(+8코)
1	8코

귀의 콧수 표

단수	콧수
3~9	10코
2	10코(+5코)
1	5코

※10 곰의 귀는 4단까지 뜬다.
※반대쪽도 똑같이 뜬다.

◀ = 실 자르기
○ = 사슬뜨기
● = 빼뜨기
× = 짧은뜨기
∨ = 짧은뜨기 2코 늘려뜨기
∧ = 짧은뜨기 2코 모아뜨기

부츠 2개
실 : 09 흰색   10 갈색

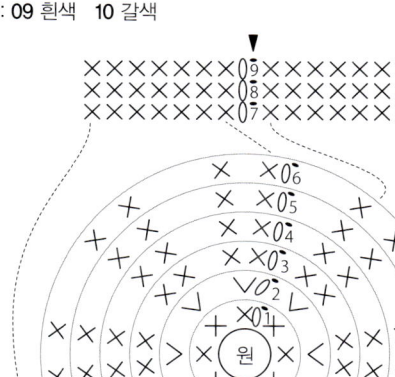

79

13 파티시에 아미무스 만들기

▶▶ Photo P.42

♫ 재료
【실】 …… 하마나카 피콜로 #17(갈색) 3g, #1(흰색) 10g
【기타】 …… 고무테이프[3.5mm 폭] 10cm, 리본(체크무늬)[5mm 폭] 20cm, 바느질실(흰색) 적당량

♫ 도구
코바늘 4호(2.5mm), 돗바늘, 손바느질용 바늘, 본드

♫ 완성 치수
【신발】 …… 둘레 7cm×높이 1.5cm
【모자】 …… 머리둘레 19.5cm×높이 4cm

♫ 뜨는 법
【신발】
1 갈색 실로 '유치원복을 입은 아미무스 〈신발〉(P.82)'과 똑같이 뜬다.

【모자】
1 실 고리로 코를 만들어 뜨개 도안대로 뜬다.
2 리본을 본드로 붙인다.
3 고무테이프를 꿰매 단다.

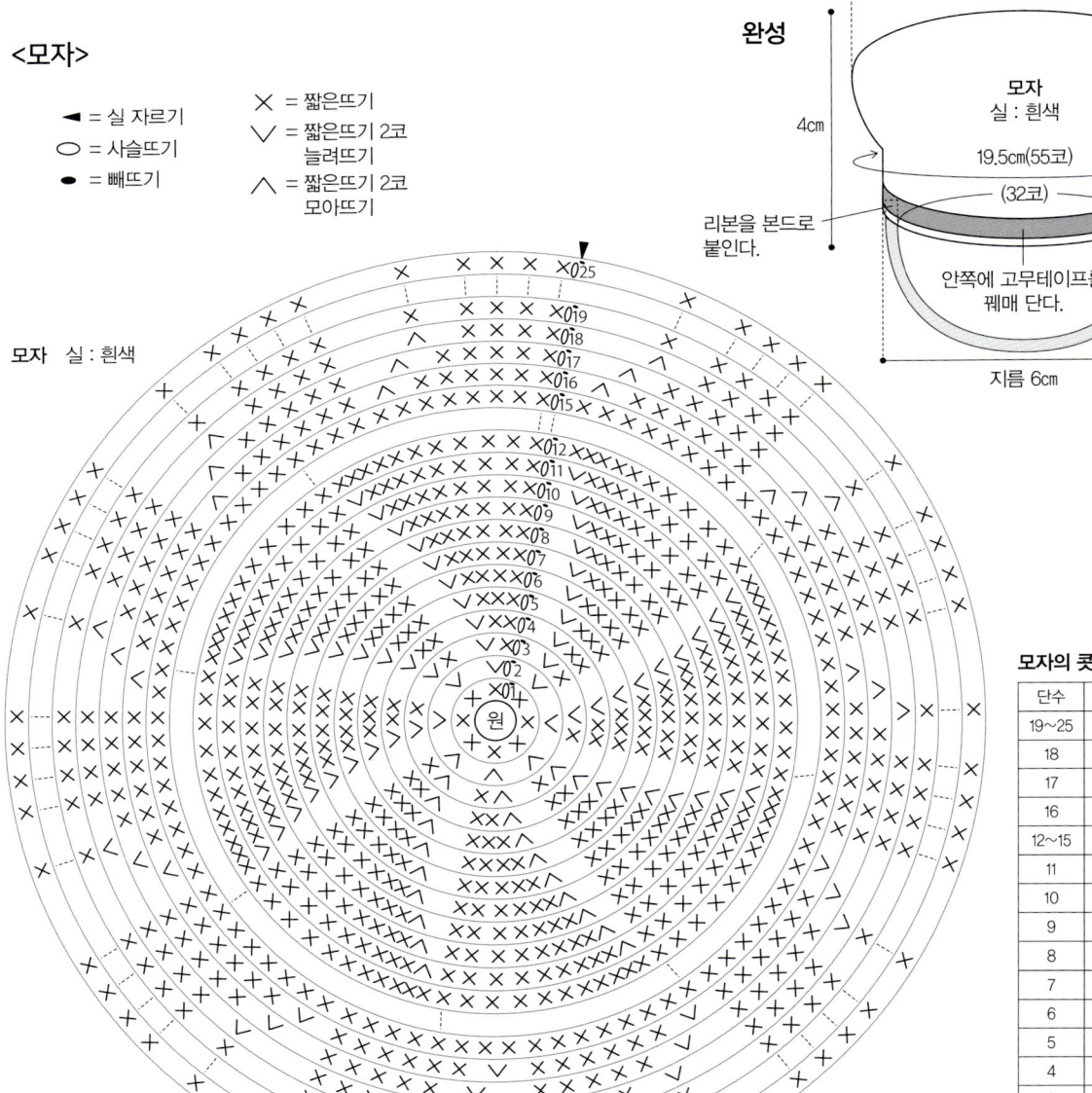

<모자>

◀ = 실 자르기
○ = 사슬뜨기
● = 빼뜨기
× = 짧은뜨기
∨ = 짧은뜨기 2코 늘려뜨기
∧ = 짧은뜨기 2코 모아뜨기

모자 실 : 흰색

모자의 콧수 표

단수	콧수
19~25	55코
18	55코(−11코)
17	66코(−11코)
16	77코(−11코)
12~15	88코
11	88코(+8코)
10	80코(+8코)
9	72코(+8코)
8	64코(+8코)
7	56코(+8코)
6	48코(+8코)
5	40코(+8코)
4	32코(+8코)
3	24코(+8코)
2	16코(+8코)
1	8코

17 유치원복을 입은 아미무스 만들기

▶▶ Photo P.46

♪ 재료
【실】…… 하마나카 피콜로 #8(레몬색) 12g
【기타】…… 똑딱단추[6mm] 1개, 고무테이프[3.5mm 폭] 10cm, 바느질실(노란색) 적당량

♪ 도구
코바늘 4호(2.5mm), 돗바늘, 손바느질용 바늘

♪ 완성 치수
【신발】…… 둘레 7cm×높이 1.5cm
【가방】…… 가로 5cm×세로 3.5cm, 끈 15cm
【모자】…… 머리둘레 21cm×높이 4cm

♪ 뜨는 법
【신발】
1 실 고리로 원형코를 만들어 도안대로 뜬다.

【가방】
1 실 고리로 원형코를 만들어 가방을 만든다. 사슬뜨기로 코를 만들어 끈과 덮개를 뜬다.
2 끈과 덮개를 가방 본체에 감침질로 바느질한다.
3 똑딱단추를 꿰맨다.

【모자】
1 실 고리로 원형코를 만들어 도안대로 뜬다.
2 고무테이프를 꿰맨다.

<신발 · 헤드드레스>
완성

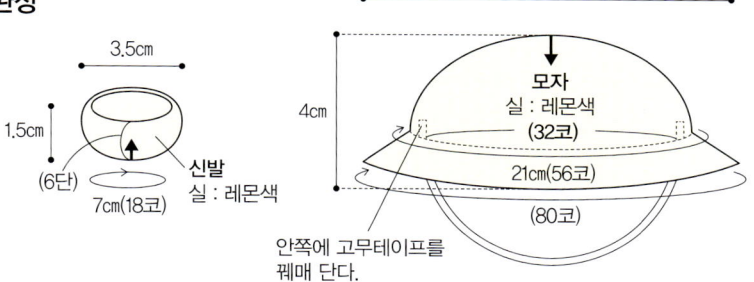

단수	콧수
9	24코
8	24코
7	24코(-8코)
6	32코
5	32코
4	32코(+8코)
3	24코(+8코)
2	16코(+8코)
1	8코

가방의 콧수 표

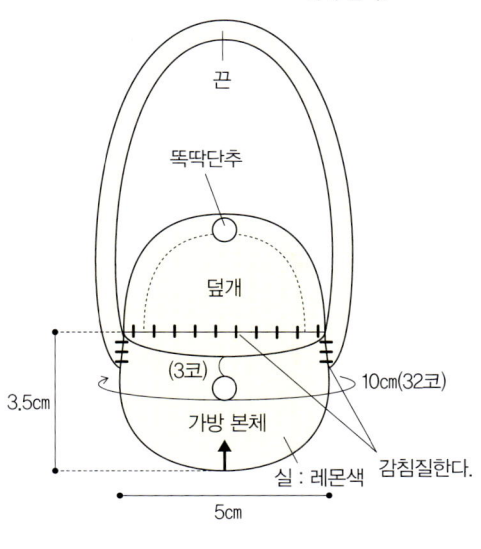

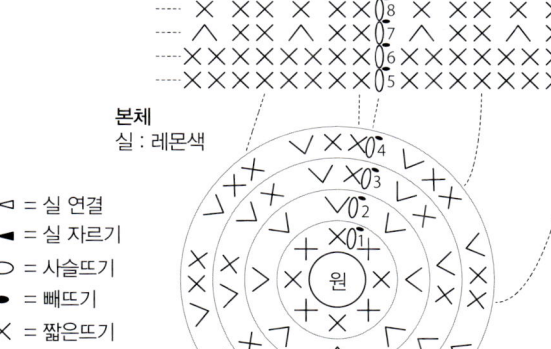

◁ = 실 연결
◀ = 실 자르기
◯ = 사슬뜨기
● = 빼뜨기
✕ = 짧은뜨기
∨ = 짧은뜨기 2코 늘려뜨기
∧ = 짧은뜨기 2코 모아뜨기

끈 실 : 레몬색

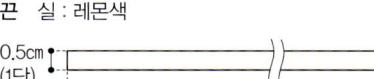

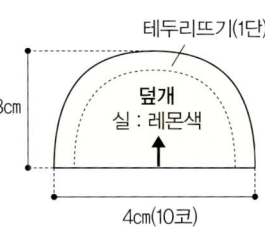

유치원복을 입은 아미무스(P.81)

모자 실 : 레몬색

◀ = 실 자르기
○ = 사슬뜨기
● = 빼뜨기
✕ = 짧은뜨기
∨ = 짧은뜨기 2코 늘려뜨기
✕ = 앞고리에 이랑뜨기(뜨기법 참고)

신발 2개
실 : 레몬색

---

18 세일러복을 입은 아미무스 만들기

▶▶ Photo P.47

🎵 재료
【실】…… 하마나카 피콜로 #17(갈색) 2g

🎵 도구
코바늘 4호(2.5mm), 돗바늘

🎵 완성 치수
【로퍼】…… 둘레 7cm×높이 1.5cm

🎵 뜨는 법
【로퍼】
1 로퍼 본체를 '유치원복을 입은 아미무스 〈신발〉(P.82)'과 똑같이 뜬다.
2 앞장식을 뜬다.
3 로퍼 본체에 앞장식을 꿰매 단다.

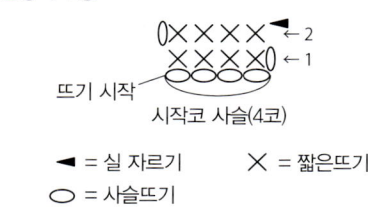

◀ = 실 자르기   ✕ = 짧은뜨기
○ = 사슬뜨기

D-J 아미무스 옷장 만들기

▶▶ Photo P.50, 51

🎵 재료

- **D** 【실】…… 하마나카 피콜로 #1(흰색) 1g
  【기타】…… 매듭줄[30cm](흰색) 2줄
- **E** 【실】…… 하마나카 피콜로 #20(검은색) 1g
  【기타】…… 매듭줄[30cm](검은색) 2줄
- **F** 【실】…… 하마나카 피콜로 #9(황록색) 12g
  【기타】…… 고무테이프[3.5mm 폭] 10cm, 리본(체크무늬)[5mm 폭] 20cm, 바느질실(황록색) 적당량
- **G** 【실】…… 하마나카 피콜로 #27(황토색) 5g, #6(빨간색) 1g
  【기타】…… 똑딱핀 1개, 솜 적당량, 바느질실(황토색) 적당량
- **H** 【실】…… 하마나카 피콜로 #1(흰색) 5g, #41(크림색) 1g
  【기타】…… 똑딱핀 1개, 솜 적당량, 바느질실(흰색) 적당량
- **I** 【실】…… 하마나카 피콜로 #43(파란색) 3g
  【기타】…… 단추[7mm](파란색) 1개, 똑딱단추[6mm] 1개, 바느질실(파란색) 적당량
- **J** 【실】…… 하마나카 피콜로 #26(주홍색) 3g

🎵 도구
코바늘 4호(2.5mm), 돗바늘, 손바느질용 바늘, 본드

🎵 완성 치수

- **D E** 【레이스업 슈즈】…… 둘레 7cm×높이 1.5cm(코드 제외)
- **F** 【모자】…… 머리둘레 21cm×높이 4cm
- **G H** 【모자】…… 머리둘레 14cm×높이 3cm
- **I** 【가방】…… 가로 5cm×세로 3.5cm, 끈 15cm
- **J** 【신발】…… 둘레 7cm×높이 1.5cm

🎵 뜨는 법

D E 【레이스업 슈즈】
1. 신발을 '유치원 스목을 입은 아미무스 〈신발〉(P.83)'과 똑같이 뜬다.
2. 왁스 코드를 신발에 통과시킨다.

F 【모자】
1. '유치원복을 입은 아미무스 〈모자〉(P.82)'와 똑같이 뜬다.
2. 리본을 본드로 붙인다.
3. 고무테이프를 꿰매 단다.

G H 【모자】
1. 실 고리로 원형코를 만들어 뜨개 도안대로 뜬다.
2. 모자 본체에 솜을 넣은 뒤 덮개로 덮는다.
3. 11단에서 코를 주워 짧은뜨기를 1단 뜬다.
4. 똑딱핀을 꿰매 단다.

I 【가방】
1. '유치원복을 입은 아미무스 〈가방〉(P.81)'과 똑같이 뜬다.
2. 끈과 덮개를 가방 본체에 휘감치기로 단다.
3. 단추, 똑딱단추를 단다.

J 【신발】
1. '유치원복을 입은 아미무스 〈신발〉(P.82)'과 똑같이 뜬다.

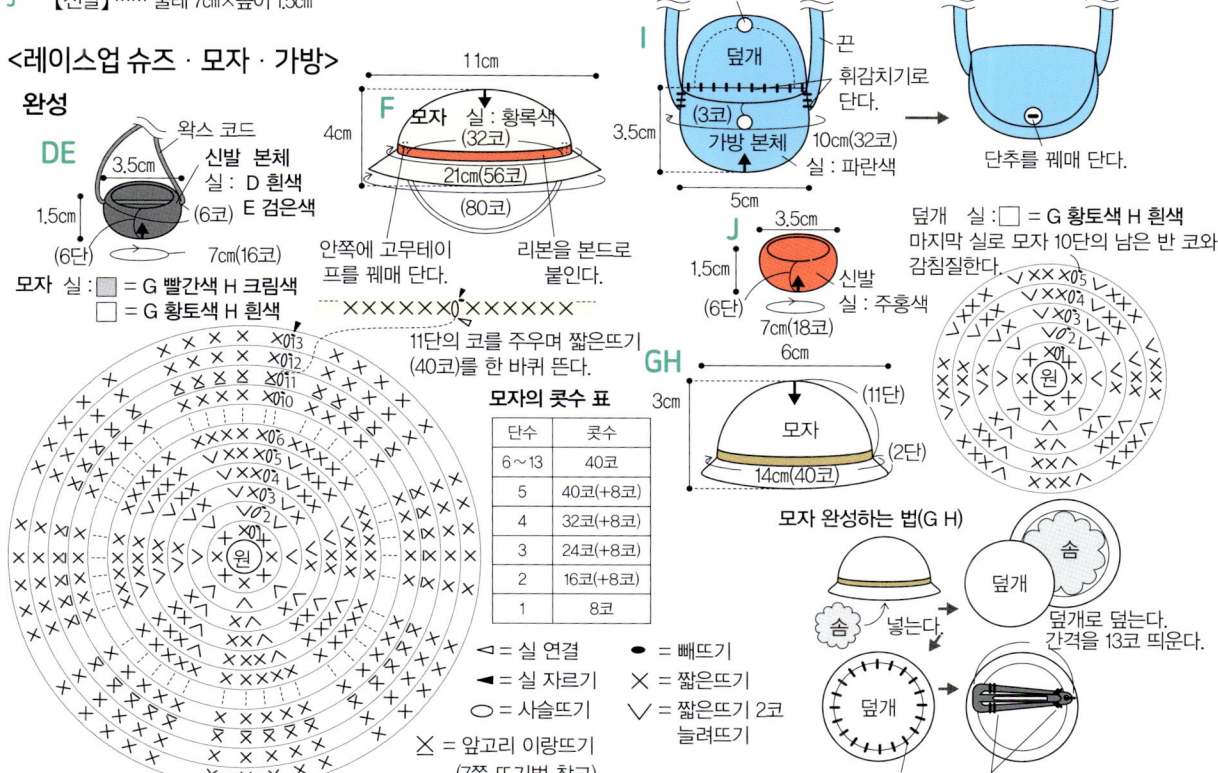

단수	콧수
6~13	40코
5	40코(+8코)
4	32코(+8코)
3	24코(+8코)
2	16코(+8코)
1	8코

◁ = 실 연결
◀ = 실 자르기
○ = 사슬뜨기
● = 빼뜨기
× = 짧은뜨기
∨ = 짧은뜨기 2코 늘려뜨기
× = 앞고리 이랑뜨기 (7쪽 뜨기법 참고)

83

MNORS 아미무스 옷장 만들기

▶▶ Photo P.52, 53

♪ 재료

- M 【실】…… 하마나카 피콜로 #25(황금색) 10g
  【기타】…… 솜방울[10mm](노란색) 2개
- N 【실】…… 하마나카 피콜로 #26(주홍색) 10g
- O 【실】…… 하마나카 피콜로 #4(핑크색) 4g
  【기타】…… 매듭줄[1mm 폭](흰색) 20cm
- R 【실】…… 하마나카 피콜로 #31(진보라색) 2g, #14(연보라색) 1g
- S 【실】…… 하마나카 피콜로 #17(갈색) 2g, #21(연갈색) 1g

♪ 도구
코바늘 4호(2.5mm), 돗바늘, 손바느질용 바늘

♪ 완성 치수

- M N 【베레모】…… 머리둘레 24cm×높이 6.5cm
- F 【가방】…… 가로 5cm×세로 5.5cm
- R S 【부츠】…… 둘레 7cm×높이 3.5cm

♪ 뜨는 법

- M N 【베레모】
  1. '가을의 아미무스 〈베레모〉(P.71)'와 똑같이 뜬다.
  2. M은 솜방울을 꿰매 단다.
- O 【가방】
  1. '여름의 아미무스 〈바스켓 백〉(P.72)'과 똑같이 뜬다.
  2. 손잡이를 가방 본체에 감침질한다.
  3. 리본을 단다.
- R S 【부츠】
  1. 실 고리로 원형코를 만들어 뜨개 도안대로 뜬다.
  2. 다른 한쪽도 똑같이 뜬다.

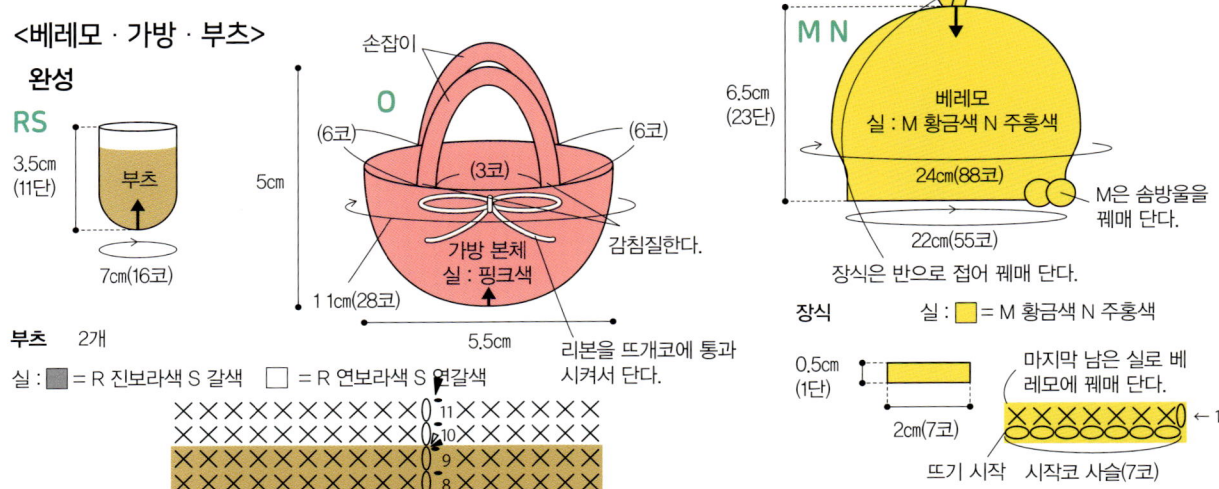

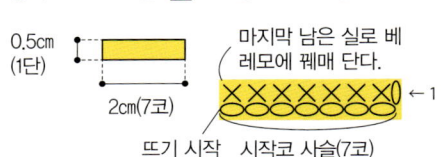

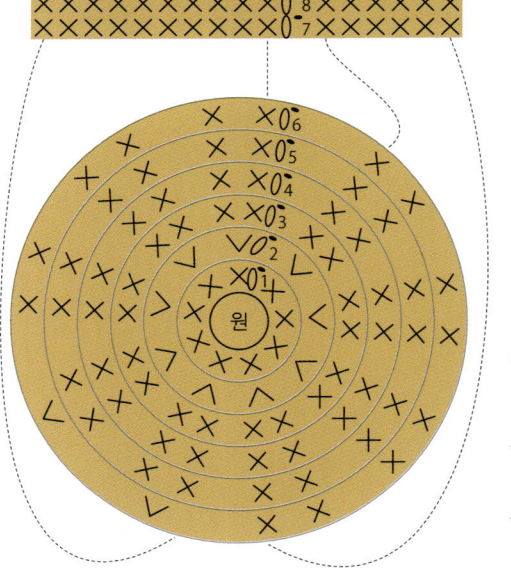

부츠의 콧수 표

단수	콧수	색
11	16코	R 연보라색 S 연갈색
10	16코	
9	16코	R 진보라색 S 갈색
8	16코	
7	16코	
6	16코(-2코)	
5	18코	
4	18코	
3	18코	
2	18코(+9코)	
1	9코	

14-16 아미무스 브로치 만들기

▶▶ Photo P.43

♬ 재료

14 【실】…… 하마나카 피콜로 #3(밝은 살구색) 5g, #29(적갈색) 7g
　　【기타】…… 솜방울[10mm](빨간색) 2개

15 【실】…… 하마나카 피콜로 #45(살구색) 5g, #8(레몬색) 7g
　　【기타】…… 솜방울[10mm](황록색) 2개

16 【실】…… 하마나카 피콜로 #21(연갈색) 5g, #20(검은색) 7g
　　【기타】…… 솜방울[10mm](물색) 2개

공통 【기타】…… 솜 적당량, 타원형 와셔눈[8mm] 6개, 자수 실(빨간색) 적당량, 브로치 핀[30mm] 3개

♬ 도구
코바늘 4호(2.5mm), 돗바늘, 손바느질용 바늘, 본드

♬ 완성 치수
가로 6cm×세로 6cm

♬ 뜨는 법

1. 실 고리로 원형코를 만들어 뜨개 도안대로 머리, 귀, 뒷머리, 똥머리를 배색표의 배색에 따라 뜬다.
2. 머리에 솜을 넣은 뒤 감침질한다.
3. 코를 스트레이트 스티치, 입을 체인 스티치로 수놓는다. 눈을 본드로 붙인다.
4. 귀를 감침질한다.
5. 뒷머리를 머리에 감침질로 달고 앞머리를 심는다('기본 아미무스 머리카락을 심는다(P.23~25)' 참고). 똥머리에 솜을 넣은 뒤 머리에 꿰매 단다.
6. 솜방울을 꿰매 단다.
7. 브로치 핀을 꿰매 단다.

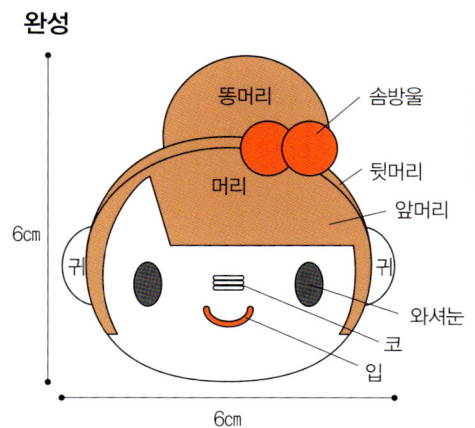

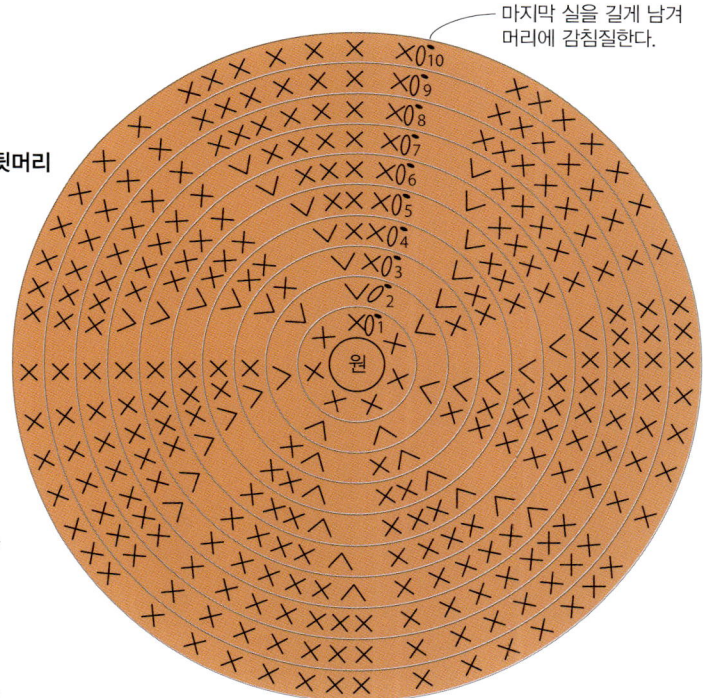

배색표

	14	15	16
머리, 귀, 코	밝은 살구색	살구색	연갈색
뒷머리, 똥머리, 앞머리	적갈색	레몬색	검은색
솜방울	빨간색	황록색	물색

귀의 콧수 표

단수	콧수
3	7코
2	7코(+2코)
1	5코

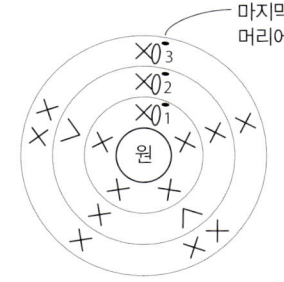

귀 2장

○ = 사슬뜨기
● = 빼뜨기
× = 짧은뜨기
∨ = 짧은뜨기 2코 늘려뜨기

뒷머리의 콧수 표

단수	콧수
8~10	49코
7	49코(+7코)
6	42코(+7코)
5	35코(+7코)
4	28코(+7코)
3	21코(+7코)
2	14코(+7코)
1	7코

머리 ※솜을 넣는다.

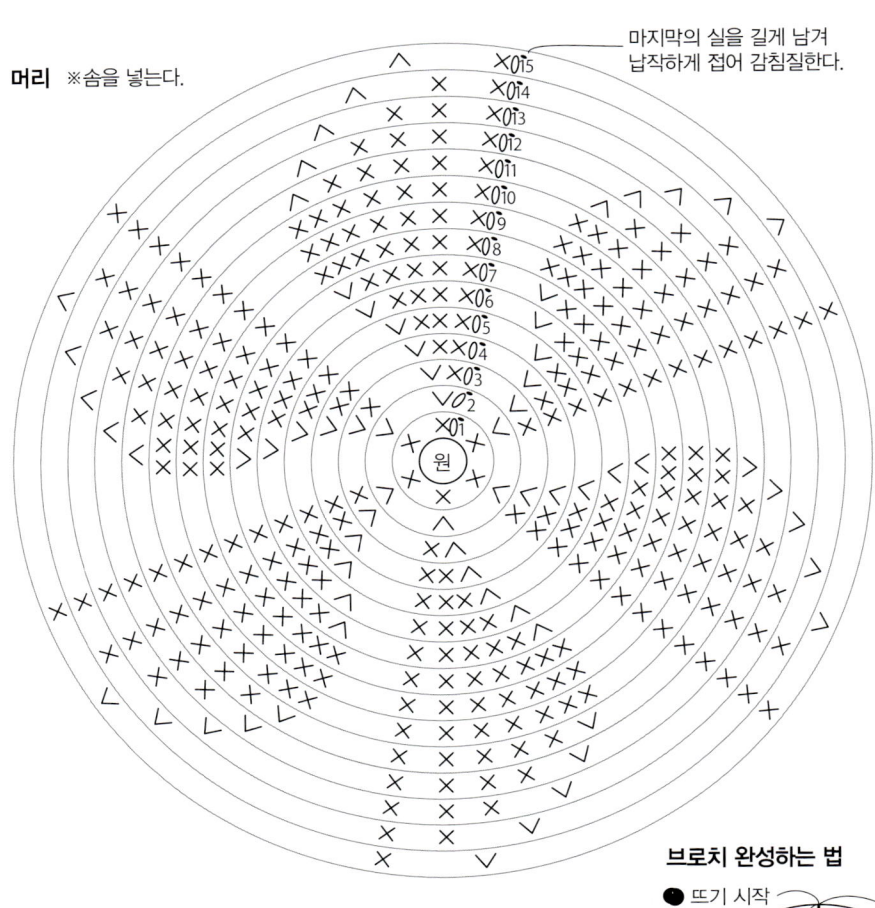

마지막의 실을 길게 남겨
납작하게 접어 감침질한다.

머리의 콧수 표

단수	콧수
15	12코(−6코)
14	18코(−6코)
13	24코(−6코)
12	30코(−6코)
11	36코(−6코)
8~10	42코
7	42코(+6코)
6	36코(+6코)
5	30코(+6코)
4	24코(+6코)
3	18코(+6코)
2	12코(+6코)
1	6코

◯ = 사슬뜨기
● = 빼뜨기
✕ = 짧은뜨기
∨ = 짧은뜨기 2코 늘려뜨기
∧ = 짧은뜨기 2코 모아뜨기

똥머리 ※솜을 넣는다.

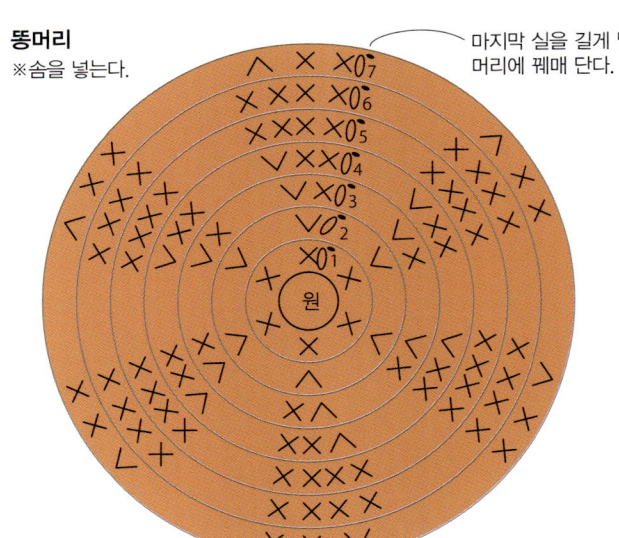

마지막 실을 길게 남겨
머리에 꿰매 단다.

똥머리의 콧수 표

단수	콧수
7	18코(−6코)
6	24코
5	24코
4	24코(+6코)
3	18코(+6코)
2	12코(+6코)
1	6코

브로치 완성하는 법

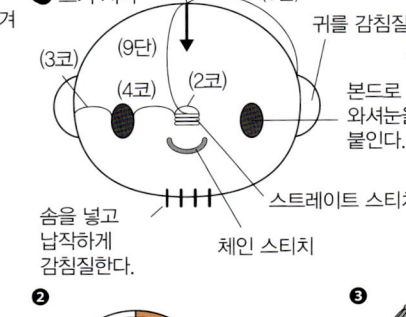

❷
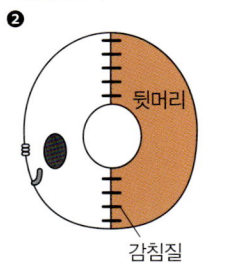

❸
30~40가닥을 준비
해 2가닥으로 머리카
락을 단다.

❹ 머리 끝을 똥머리
위치로 빼내
자른다.

씌운다.

❺
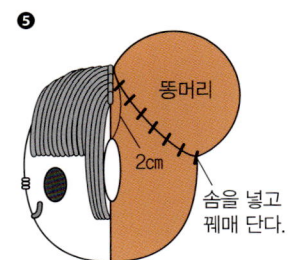
2cm
솜을 넣고
꿰매 단다.

❻
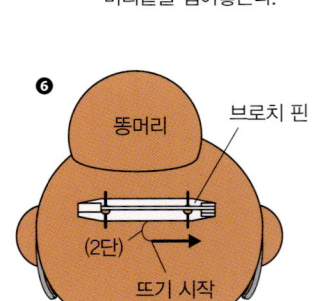

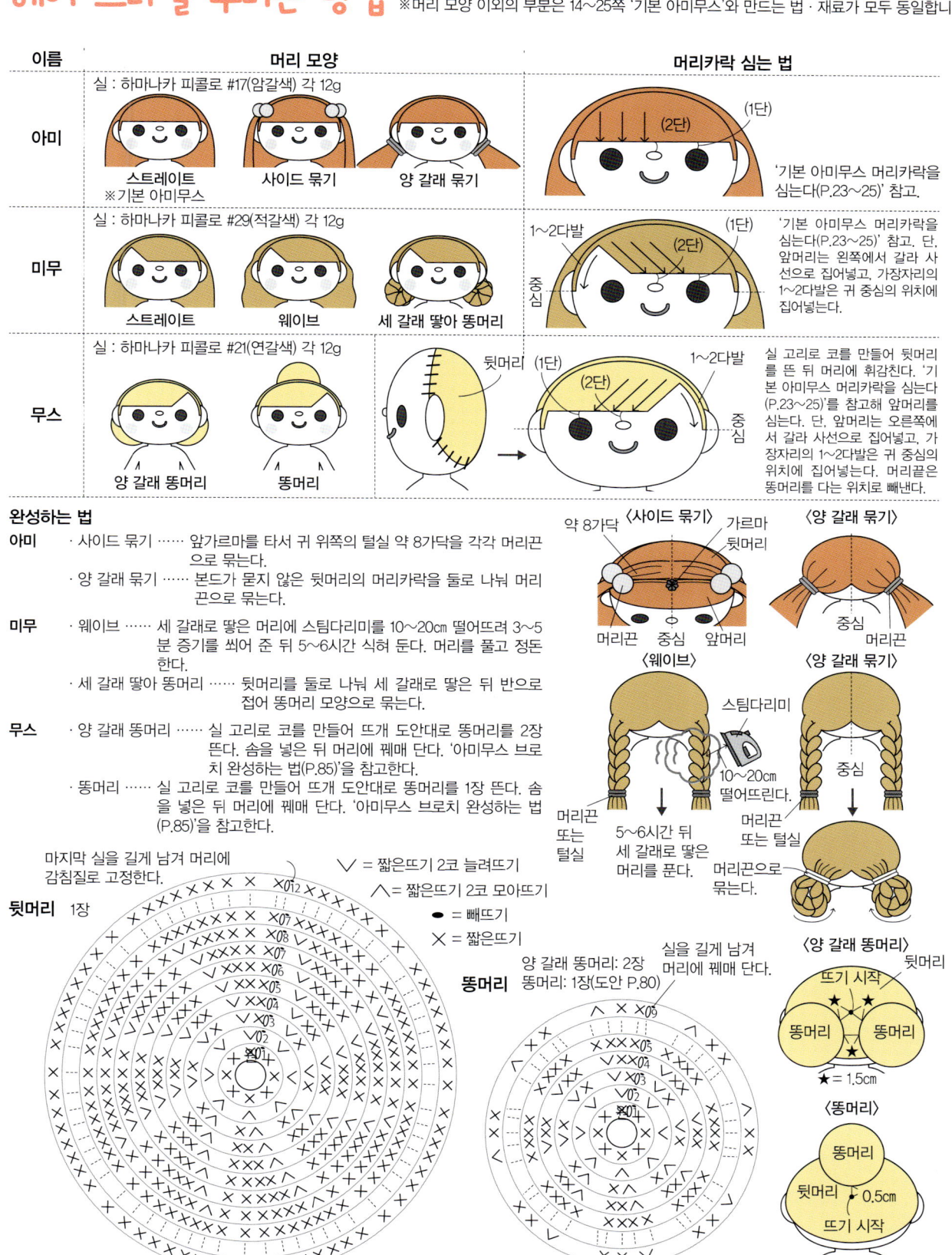

KAGIBARI DE AMU KISEKAE AMIGURUMI by Naruto
Copyrihgt © Naruto 2017
All rights reserved.
Original Japanese edition published by Nitto Shoin Honsha Co., Ltd.

This Korean edition is published by arrangement with Nitto Shoin Honsha Co., Ltd., Tokyo in care of Tuttle-Mori Agency, Inc., Tokyo through Imprima Koera Agency, Seoul.

이 책의 한국어판 출판권은 Imprima Koera를 통해 Nitto Shoin Honsha Co., Ltd.와의 독점계약으로 터닝포인트에 있습니다. 저작권법에 의해 한국 내에서 보호를 받는 저작물이므로 무단전재와 무단복제를 금합니다.

옷 갈아입는 아미무스
코바늘 손뜨개 인형

2019년 2월 5일 초판 1쇄 인쇄
2019년 2월 10일 초판 1쇄 발행

지은이	나루토
옮긴이	배혜영
감수	조수연
펴낸이	정상석
기획·편집	터닝포인트
마케팅	이병진
편집 디자인	앤미디어
표지 디자인	김보라
펴낸 곳	터닝포인트(www.diytp.com)
등록번호	제2005-000285호
주소	(03991) 서울특별시 마포구 동교로27길 53 지남빌딩 308호
대표 전화	(02) 332-7646
팩스	(02) 3142-7646
ISBN	979-11-6134-048-7 14630
	979-11-6134-047-0 14630(세트)
정가	15,000원

내용 및 원고 집필 문의 diamat@naver.com

터닝포인트는 삶에 긍정적 변화를 가져오는 좋은 원고를 환영합니다.

※이 책에 수록된 내용이나 사진, 일러스트 등을 출판권자의 허락 없이 복제 배포하는 행위는 저작권법에 위반됩니다.

이 도서의 국립중앙도서관 출판예정도서목록(CIP)은 서지정보유통지원시스템 홈페이지(http://seoji.nl.go.kr)와 국가자료공동목록시스템(http://www.nl.go.kr/kolisnet)에서 이용하실 수 있습니다.(CIP제어번호: CIP2019001955)